命理生活新智慧・叢書 30-1

紫微格局看理財

《一版修訂版》

金星出版社 http://www.venusco555.com
E-mail: venusco@pchome.com.tw
法 雲 居 士 http://www.fayin777.com
E-mail: fatevenus@yahoo.com.tw

法雲居士⊙著

金星出版

國家圖書館出版品預行編目資料

紫微格局看理財 ／ 法雲居士著，
--臺北市：金星出版：紅螞蟻總經銷，
2010年06月　　冊；　公分—
（命理生活新智慧叢書；30-1）

ISBN 978-986-6441-08-0　（平裝）

1.紫微斗數

293.11

紫微格局看理財《全新修訂版》

作　　者：法雲居士
發 行 人：袁光明
社　　長：袁靜石
編　　輯：王璟琪
總 經 理：袁玉成
出 版 者：金星出版社
社
地址：台北市南京東路 3 段 201 號 3 樓
電
電話：886-2--25630620●886-2-2362-6655
傳
郵政劃
FAX：886-2365-2425
總 經 銷：紅螞蟻圖書有限公司
地　　址：台北市內湖區舊宗路二段121巷28・32號4樓
電　　話：(02)27953656(代表號)
網　　址：
http://www.venusco555.com
E-mail　：
venusco555@163.com
法雲居士網址：http://www.fayin777.com
E-mail　：fatevenus@yahoo.com.tw

版　　次：2010年6月全新修訂版
登 記 證：行政院新聞局局版北市業字第653號
法律顧問：郭啟疆律師
定　　價：350　元

行政院新聞局局版北字業字第 653 號

ISBN：　978-986-6441-08-0　　　　（平裝）

（因掛號郵資漲價，凡郵購五冊以上，九折優惠。本社負擔掛號寄書郵資。單冊及二、三、四冊郵購，恕無折扣，敬請諒察！）

序言

我寫這本『紫微格局看理財』一書的時候，也正是台灣受到集集大地震的摧殘，百廢待舉，經濟也太不景氣的時候，此刻大家的心情都有些慌亂和無奈。親眼看到天災的人，常自嘆百無一用是書生。如何來扭轉乾坤，是一個現實問題。凡事需要錢，重建家園也需要錢，錢從那裡來？這就是我寫這本『紫微格局看理財』的動機。

幸蒙讀者的愛護，以前出版的賺錢系列叢書中的各類書籍受到歡迎。『紫微賺錢術』也得到讀者很大的回響。但是『紫微賺錢術』所討論的賺錢議題，只有談到如何賺錢的部份，在義意上比起『理財』來，略嫌太狹隘。

理財的義意範圍很廣，從最先的賺錢（賺生活費），到有了一點盈餘之後，要把些許的盈餘、經營、增值、擴大的同時，還有一項消費的條件是與它同時並行的，那就是花錢的方式。這是一種消耗錢財的方式，只要人存在

紫微格局看理財

世界上，資生養命，就會有消耗。因此在人的一生中根本就是一面賺錢、一面花錢消耗的。所以在理財的部份裡，就不能不同時包含了把錢增多加大的正面義意，和花錢消耗、使錢變少的負面意義，而這兩個狀況的相互消長，也同時決定了一個人在一生中財富多寡的問題了。

整個看起來，理財方式就是一個人富有和貧困、勝負成敗的關鍵但是在這個成敗的關鍵裡包藏著許許多多足以影響大局的因素，例如：人的思想行為模式，對錢天生的敏感度，年命、歲運的關係，處理危機意識的能力等等。在人的一生中，並不是每一天都在賺錢的。但是很可能每天都在花錢，如何利用有限的賺錢時間的所得，來支付無限花錢時間的消耗，並且還要有極大盈餘的落差，這才是真正富有和貧困、人生勝負成敗所需要盡力的事情。

很多人並不瞭解什麼叫『理財』，以為『理財』就是錢多了，再做投資，以小生大的方法。很多人說：『我根本錢都不夠用，如何理財？』倘若有這種觀念的人，很可能一生都在困窘中打滾，朝不保夕，寅吃卯糧，也永遠與財富遙遙相望，仰之彌高，而自己愈陷沉淪在窮苦的大眾之中了。因此，觀念是非常重要的，有了理財的觀念，就可以把自己從稍嫌緊迫的環境中解救出來，在慢慢經營擴大，雖然可能歷經的時間久一點，但相對的一天天接近財富的時間就愈近了。

有許多來找我算命的人，都是來看自己的偏財運的。很多人也確實是有暴發運格，但是真正一直保有富有環境的人數卻不會太多。很多人都是從前曾經富有一時，但現在卻兩袖清風，正等待著另一個暴發旺運的機會。像這樣的人，人數是很多的，終究其因就是理財觀念的不足與自以為是的頑固思想所害。很多人說：『下次我再富有時，我就不會重蹈覆轍！』我卻告訴他，你依然會重蹈覆轍的。因為你的本性沒有改，理財觀念沒有建立，消耗永遠比賺進的錢大得多，因此這個結果是可以預見的。縱然讓你在再暴發多幾次暴發運，也無法獲得教訓。但是在人生中能有幾次是真正可以暴發到大量財富的呢？運氣最好的人，也不過三、四次吧……這已經是一個極限了，很可能因為大運的影響，有暴發運的人，一生也只有一次機會是暴發到大筆錢財的。所以說每個人想要靠運氣是不準的，只能靠自己的打拼，靠理財知識的累積，一點一滴的經營、計畫，這才是最根本解決及掌握財運問題的根本大法。

『紫微格局看理財』這本書，就是直接指出，有些人為什麼很有錢？他們是用什麼方法在保值錢財、經營錢財、使錢財擴大？又是在用什麼方法使消耗減少？把錢財堆積成龐大財富的。同時也會告訴你，你在管理錢財上的一些問題，到底問題出在那裡？要怎樣去改善才會有效？『紫微格局看理財』雖然是本命理書，但它真正是以科學的方法，教你管理自己的性格、情緒，並發現自己的優點，再利用自己的優點加上時間的效應來創造於自己的財富。

公元二〇〇〇年是龍年，有許多人將會面臨又一次的人生風雲際會、大旺運來臨的時刻。你是否是『辰戌武貪格』的擁有者？你準備好了沒？就算你不是『辰戌武貪格』的人，辰年也是個希望無窮，再造財富的旺運良機，你是否還有膽子再拼一拼？

以前我在別本書上也說過，在旺運即將到來之前，是會有一段極低落的氣運，這就像日出黎明前會有一段黑暗的時刻是相同的自然現象，回此黑暗是不會長久的。雖然目前台灣在地震災害的陰影下，經濟稍有不順，但是在重建過程中，有營建業的帶動，整個的社會經濟又會活躍起來。雖然表面看來，這是一個財富重整的活動，卻真正也是旺運運氣要重整的活動，又有人要暴發了！又有人要發大財了！你在這回旺運重整的活動中，會不會是那個幸運的人？端看你對『理財』觀念致力的輕重緩急而定了，在此，敬祝讀者心想事成，每一個人都掌握到旺運的企機。

法雲居士　謹識

命理生活叢書30-1

紫微格局看理財

《全新修訂版》

紫微格局看理財

前言

坊間出了許許多多談『理財』的書，也有許多的書來教你如何做精算大師。我們每一個人的書架上至少也有幾本以上的理財書籍。現在，這個社會裡，倘若不懂一點理財的門道，似乎就算不上現代人了。也就落伍了！

但是我們總會發現，也暗自納悶，為什麼有這麼多理財專家寫的書，也教了我們許多的方法來理財，有時候我們也確實去執行了那些方式手段，但總是不成功，或者是根本無法切合我們的實際狀況，而變得無用武之地。這種狀況屢見不鮮。這是什麼原因呢？為什麼別人可以有那麼好的運氣，我們就沒有呢？

每個人都是用自己獨立、特有的方式來理財

在真實的環境裡，每個人都有不同的境遇，也擁有不同的思維方式，更擁有一些內心底層的潛在意識。在主觀與客觀的環境裡都會顯現出極大的差

異出來。你看到一個成功的人，很會賺錢的人，會呼風喚雨的人，想要模仿他，用他的方法、方式來進行模擬試驗。走著他所走過的路途，向成功、向富有邁進。但是你們的境遇不一樣，在途中所遇到的境況不相同，所遭遇的限制和阻礙又重重產生，在做抉擇時，思維考量也不相似，以至於達到的目標、目的地也不一樣了。

每個人都有自己人生要走的路途，不管別人給你再多的建議，仍然是要靠你個人自己去走。誰也幫不了你，誰也阻礙不了你，這就是每個人的獨立性。『紫微格局看理財』這本書，就是點出你個人在理財問題上的獨立性。每個人可以用自己獨立的、特有的，自成一格的方法來理財致富，並不需要用別人的方法或走別人走過的舊路，因為那些方法和舊路子，已經讓太多的人迷失在沙漠中而成了枯骨了，亦或是葬身海底沈淪已久了。難道你曾聽說過只看過坊間的一本理財書就致富了嗎？並不是這些書不可信，而是每個人生存的條件不一樣，資生養命的方式也不同，你如何走到別人的人生軌跡上去呢？

『理財』就是管理錢財，也就是賺錢

『理財』包括的範圍非常廣，主要包括了賺錢的方式、儲蓄的方式，以少增多的方式，借貸的方式以及花錢、用錢的方式……等等。理財的學問其實是非常廣泛，也非常之大的，並不能以短短粗略的三言兩語所能交待清楚的。

『理財』就是管理錢財，一位金融界的大師曾經說過：『管理錢財必需全心全力為賺錢而努力，並且要把其他的事全拋開。』但是管理錢財仍可能是有賺、有賠的，所以必須全神貫注在賺錢的事上。現在普通一般人心裡中對『理財』的觀念，似乎只是玩票的性質，把身邊多餘的錢，稍為做一個規劃而已，而就以為如此便是『理財』了。這與真實境況裡從事金融理財的專業人員口中所說的『理財』，實際上是有很大思想上的差距的。因此這也是一般人一直跟不上、也進入不了和理財大師們有相同富有的境遇。

此外一般人在賺錢活動的價值觀裡缺乏資訊，或沒有時間來做仔細的評估，以致使用粗略的經濟價值觀來做粗糙的抉擇，無法專注於風險和報酬率間的計算。這是第二個原因。

第三個原因就是時間上的問題和預期心理的問題。每一個人都會利用目前的狀況來預測未來經濟的走向。常常會發生未來事情的走向，並不和預期相同，這種落差就形成賺賠的問題。能預測趨勢就是一種認知功能，這個功能和時間上的掌握是息息相關，緊扣在一起的。所以整個說起來『理財』就是一種智能運動。必須結合對金錢的認知，對危機、企機的認知，並且掌握正確的思維方向、時間切合點的問題，以及預期心理方向正確，不能有偏見，還要能預測流行的趨勢，才能真正掌握到賺錢的法則。

財星坐命的人是對金錢有敏感力的人

由上述這些原因我們就可看出，實際上要理財理得好而賺錢，實則是需要有對金錢超級的敏感能力及智慧，還要加上一點運氣，光憑技術、手段是不足以致勝的。而且對金錢有敏感能力及有智慧和好運氣的人，當屬財星坐命的人居第一了。

但是財星坐命的人，也並不是人人都具有上述完整的條件的，也就是說，就算是屬於財星坐命的人，也並不見得全部都會真正會發富，全都成為富有的等級。例如天府單星坐命的人，是財庫星坐命，而他們的財帛宮都是空宮，除非有祿存在財帛宮中出現，可以儲存一些錢財。一般來說天府坐命的人，都只有小康的局面，能成為大富者很少。又除非在福德宮中有祿星入座，財富才會多一些。另外像太陰坐命的人，也是屬於儲蓄生財的人，命宮必須居旺位，再有祿星同宮，會有較富有的格局。

財星坐命亦分守財型和實力派

天府和太陰兩種命格的人，實際上在理財能力上是屬於保守、節流型的理財方式，並不是他們具有特別超強的賺錢能力而致富的。真正具有賺錢能力的財星坐命者只有武曲居旺坐命的人，像是武府坐命者、武貪坐命者，武曲單星坐命者等等。他們才是真正具有賺錢實力的人。因此在理財範圍內，若以賺錢的能力來分，又可分為很多種類了。這些問題我會在本書的章節中一一做介紹。

接受和通過考驗，發富的速度會更快

許多經濟學家也曾指出，不管是世界的金融體系，亦或是國家的金融體系，亦或是一般公司的金融體系，都會有一個由盛到衰、由衰到盛的循環體性，這和國家的興衰、朝代的盛衰是一樣的。並且在他們的研究中，認為任何一個金融體系，在經過任何的考驗之後而屹立不搖，就會更增強其結構。考驗愈嚴格，強化的力量福度也就愈大。每一次通過考驗之後，就會有一段加速增強發達的時期。而這個時期就是富有真正到來的時刻。這個規則性，實則和我們每個人命理中財運起伏的循環期是相合的。每個人在財運轉好之前，都會有一陣黑暗期，這就是考驗期，通過了考驗期，而仍然能夠生存，沒有破產的人，就能夠利用這個基點加速發展，而踏上富裕和富翁之途了。所以很多人要知道自己何時有錢？何時會富有？只要檢視自己目前正處於過程中的那一個時期？檢視考慮確定了，就會知道我們未來的財富將會在那一個高峰定點之上了。同時也可以計算出何時是富有的時間了。

此外，在這本『紫微格局看理財』一書中，我也會幫助大家從命盤上找出理財時機的著力點出來，並且分出賺錢時機和守財時機，讓大家確實對自己的人生，在理財上做一個好好的規劃，而不用浪費時間、精力在一些無謂的摸索中，或踏遍了前人的舊路仍茫茫不知所措而怨嘆。現在就進入正題。

第一章　如何利用人生『藏寶圖』來做理財的利器

（從命宮主星和『命、財、官』三合宮位看理財方式）

『人生藏寶圖』就是每個人的紫微命盤

為什麼這麼稱呼它？就是因為在每個人出生的時候，上蒼就每人發了一張經由『生辰八字』形成經緯度的『人生藏寶圖』——紫微命盤。而每個人一生的財祿福壽全在裡面了。

通常只有少數人知道人生藏寶圖的存在意義，也只有少數人會看得懂，來利用它。時至今日，科學這麼昌明，時代的變化這麼瞬息萬變，我們若不能即時窺視生命的奧秘，從而瞭解自己人生的價值，這張人生藏寶圖就會成為廢紙而無用，豈不是辜負了我們自己的人生，也白來這個世界一趟了。

紫微格局看理財

『人生藏寶圖』—紫微命盤中，有上蒼為你製定好的人生軌跡，也將財富分散在各個穴位（宮位）來等待你的發掘，你必須運用智慧，一步步的破解謎題才能得到它。人生是沒有不勞而獲的，因此你必須一步一腳印的歷經人生中各個重點關卡，才能找到寶藏。也就是：你必須全神貫注的玩完整個尋寶遊戲之後，才能尋找到屬於自己的寶藏。倘若你中途懈怠，玩世不恭，或是中途離開了這個尋寶遊戲，這就代表你已放棄了屬於自己的寶藏，也將永遠出局，而再也遍尋不著寶藏。這個規則的嚴苛性，實則是許多中年人士，仍然在人生迷宮中像無頭蒼蠅亂轉，仍然在困窘邊緣掙扎，仍然為錢在煩惱的人，所熟悉、感受深刻的吧！

紫微命盤中有命宮、財帛宮、官祿宮合稱『命、財、官』。三個宮位形成六十度的角度，亦稱三合宮位，這是一個吉度，因此三合宮位具有鐵鏈連結的效果，緊緊相連，彼此相互影響。

在紫微命盤中有四組三合宮位，另外三組是『夫、遷、福』、『兄、疾、田』、『父、子、僕』。而以『命、財、官』三合宮位為首，它主掌著人『活』的意志力、智慧、活動力、獲取資源的能力，努力工作的奮鬥力量。再由這些力量中來評定賦與每個人財富的多寡。也就是說：善於尋找、努力挖掘寶藏的人，才能夠獲得最多的財富。懶惰的人，不用大腦思考的人，是入寶山空手而回的人了。

如何從命宮主星和『命、財、官』三合宮位看理財方式

（在以下的分析中將包括每種命格的人理財方式中之賺錢方式，適用的儲蓄方式，用錢花錢的方式，投資的方式，以及應該未雨籌謀替自己和家人買保險的方式等等。）

紫微坐命的人

紫微坐命的人，本身是帝王星坐命的人，主貴。雖不主財，但是帝王能掌控全國的財富，因此他也是個能主導財富的人。帝王會因國土和勢力有大小之分。紫微坐命子宮的人，紫微居平，屬於小國的國王，當然財富的格局就較小。而紫微坐命午宮的人，紫微居廟，是超級大國的國王，財富的格局自然就大了。

紫微格局看理財

紫微坐命者的財帛宮都是武曲、天相。武曲居得地之位，天相居廟位，官祿宮是廉府，廉貞居平，天府居廟位。由紫微坐命者的『命、財、官』看來，就可知道紫微在子宮坐命的人，和紫微在午宮坐命的人，其財富的格局是完全不一樣的。其關鍵點就是命宮主星紫微星的旺弱關係了。

紫微坐命者的財、官二宮中有天相福星和天府財庫星都是居廟位的，其財星只居得地剛合格之位，表示其人在財富上只是安於平順享福、儲存的方式，並且他們對於理財中賺錢的智能並不高，所利用的就是固定的薪水儲存方式來理財。紫微坐命的人大多數會從公職，在公家機關中工作，或從政，又進入政府單位的體系。只有命宮中有羊、陀、火、鈴、空、劫同宮的人，常會轉變跑道，

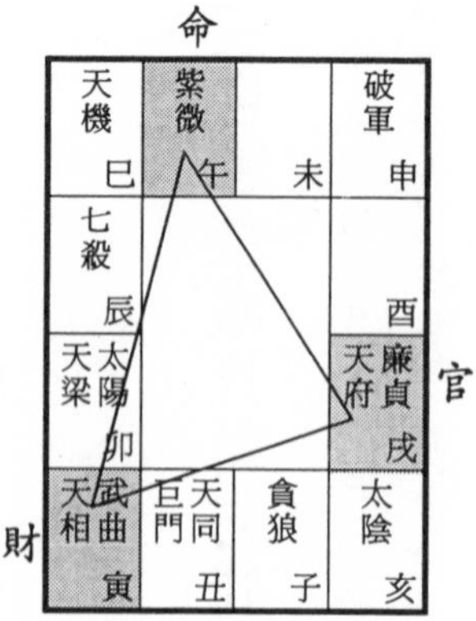

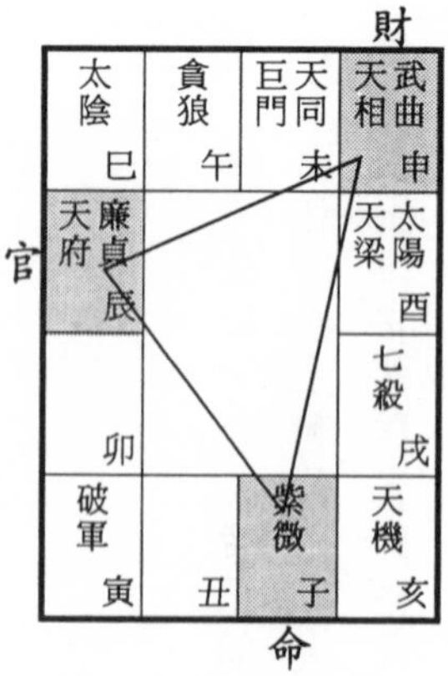

跑去做生意、開工廠。而這些人就會格外辛勞，而不一定賺得到錢，常為金錢煩惱了。這主要也是因為煞星侵害帝座的關係，而影響到整個『命、財、官』的格局了。

一般紫微坐命者，都能具有中上等生活水準，對金錢的智慧不是很高，但有中等以上的財富格局。己年生有武曲化祿，庚年生有武曲化權在財帛宮的，是最富有的人。甲年生有廉貞化祿在官祿宮，有武曲化科在財帛宮的人，是稍富的人，而壬年生，有紫微化權在命宮的人，因為有武曲化忌在財帛宮，只是主貴不主富的人了。

紫微坐命者對金錢的敏感力還是不錯的，他們之中很多人都會有身宮落在財帛宮，份外喜歡賺錢，且對錢計較的特性，其實他非常會管理錢財。你看他們的財帛宮中還有天相這顆勤勞、善於整理規劃的福星，就知道他們是多麼孜孜不倦的在整理自己的財務了。並且他們是非常謹慎小心的人，很少對外人做投資。理財方式是以買房地產、買貴重金屬、珠寶，有價值的證券、政府公債、買保險等等，會做長期投資，並且是以可保值、增值的投資來打算的。所以紫微坐命的人，都是會具有穩定的財富，很少會受到外界環境中經濟危機的影響。

紫府坐命的人

紫微、天府坐命的人，本命是帝座與財庫星坐命的人。其代表的財富是帝王級的財庫般的富貴。而這個人就是負責看守帝王財庫，也就是國庫的人，當然精於管理財務，對錢財是錙珠必較的，他的財帛宮是武曲財星居廟。官祿宮是廉貞居平，天相居廟。

紫府坐命的人，也會因為命宮所在的宮位，而影響到財富的格局，紫微坐命寅宮的人，命宮中的紫微居旺，天府居廟，是較富有的人。而紫微坐命申宮的人，命宮中的紫微雖居旺，但天府居得地之位，為較次富有之人。

由紫府坐命者的『命、財、官』，我們可以得到一個綜合的訊息是：紫府坐命的人，

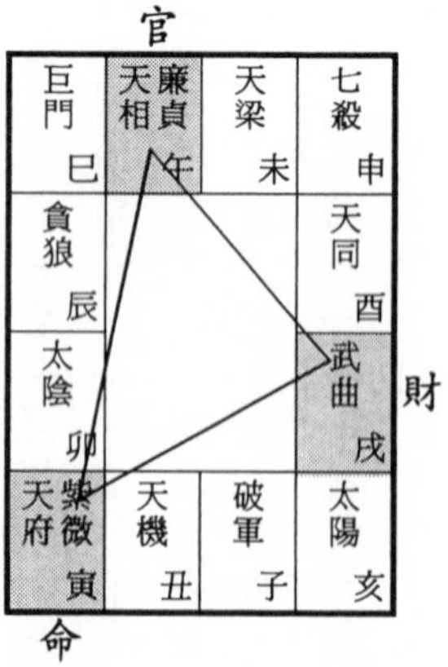

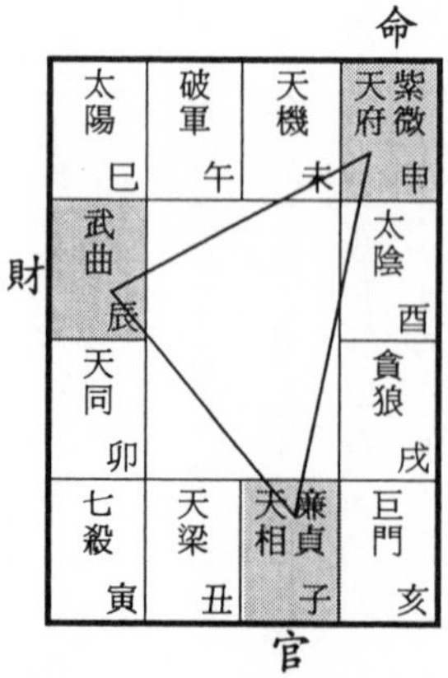

只是憑藉著對錢的敏感力，和計算管理的能力來賺錢理財的，實際上他們在工作上的智慧並不高，也只是勤勞罷了，可是他們在賺錢運上有暴發運，在辰、戌年會爆發『武貪格』的暴發運，好運加勤勞，再加上天生的小氣計較，會對金錢仔細精打細算，自然財富就會累積很多了。紫府坐命的人，沒有不富的，但他們很保守，不會對外人投資。他們的錢財多半存在銀行、或買定期定額的債券、有價證券，定期贖回，像即使買股票，他都是放很久，很少會短線操作的，雖然他很有本錢，但也不會做期貨那樣變化多端的金融商品，當然他更不會去玩大家樂、彩券等投機性的生財工具。

紫府坐命者適合投資理財的項目：房產、地產、長期持有的績優股票、政府發行的公債，公司有價值的證券、珠寶、黃金屬買賣，高額保險、銀行存款等等。

紫貪坐命的人

紫微、貪狼坐命的人，本命是帝座與好運星同坐命宮的人。但紫微居旺，貪狼居平。表示其人喜歡掌權，但運氣只是平平，並不十分好，而且貪狼亦有好吟樂之事，速度很快，貪圖享樂，對理財和賺錢之事並不能投注真正的關心和理解。他們的財帛宮是武曲、破軍，雙星皆居平陷之位。表示賺錢的能力不佳，賺得少，破耗又多。對於金錢的敏感能力非常差。官祿宮是廉貞居平，七殺居廟，表示其人只知埋頭苦幹，蠻幹，不太用大腦去賺錢。

紫貪坐命的人的『命、財、官』中，只有武曲一顆星是財星，而且是居平陷之位的，所以他的財富當然是極少的了。倘若有祿存進入『命、財、官』中任何一個宮位，或者有貪狼化祿（戊年生的人）在命宮，或者有武曲化祿（己年生的人）或破軍化祿（癸年生的人）在財帛宮，或者是有廉貞化祿（甲年生的人）在官祿宮，自然財富的格局會大一點，但是仍然是無法與前面紫府坐命的人

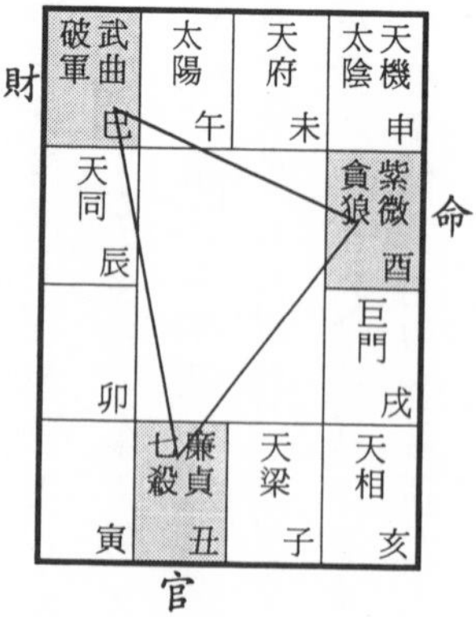

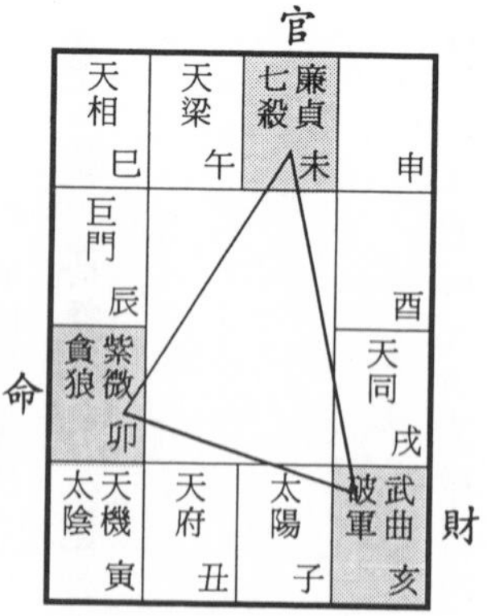

相比的。

紫貪坐命的人，對錢的敏感力差，用錢花錢的方式快速，是消耗比賺得多，實際上是不適合投資的，但是他們偏偏喜歡掌權，也喜歡來投資。常常是眼光不準，賠的比賺得多。

紫貪坐命的人，若有火星在命宮，或在遷移宮中時，會有暴發偏財運的機會，必須算好流年、流月，才可以去買一些股票或彩券來投資賺錢，其他的時間都是非常危險的投資時刻。

紫貪坐命的人根本不會理財，必須請專業人士代勞，其配偶就是最好的理財專家。但配偶最好也要是天府坐命的人才可以做好理財的工作，若是又找到相同命格的人或破軍坐命的人，也會一敗塗地的。

紫貪坐命者最適合投資理財的項目：有固定的薪水工作、銀行定存儲蓄、做短期股票買賣（必須有『火貪』、『鈴貪』格的人才能做，並且要算好偏財運的時間才能做）、彩券（條件同上）、買房地產儲值最佳。

紫相坐命的人

紫微、天相坐命的人，是帝座與天相福星同坐命宮的人。兩星同居得地剛合格之位，算是權力、地位與福力都是較一般人稍好的地位而已。

紫相坐命者的財帛宮是武曲財星居旺，天府庫星居廟，代表其人對金錢的敏感力是非常之強烈的，而且迅速會把錢財賺進，放入自己的財庫之中。其人的官祿宮是廉貞居廟，表示他在工作上是絞盡腦汁悉心計劃，非常賣力的在賺錢。

由紫相坐命者的『命、財、官』就可看出：此人表面上平平靜靜的，一付喜歡享受的樣子，實際上，私下都奮發努力，辛苦勞碌的在為賺錢而努力。他們對於金錢的敏感

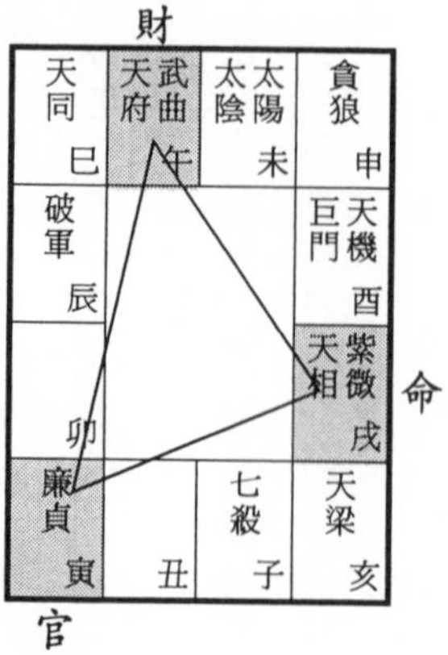

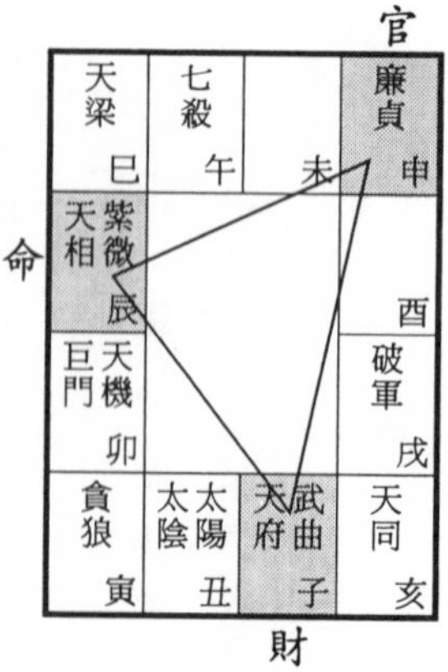

性和計較性，使得財富增多。財星和庫星都在財帛宮中，當然是賺錢和用錢、花錢的方法都運用得恰在好處了。但是若在擎羊星進入財帛宮和武府同宮時，賺錢和應用錢財的能力就會大打折扣了。其人的財富也會因外來的侵害而減少了。這是壬年生的紫相坐命辰宮的人，和戊年生的紫相坐命戌宮的人會發生的事。壬年生的紫相坐命者，尚有武曲化忌在財帛宮，金錢上還會有不順、金錢是非的問題，當然財富就更少了。

相對的，紫相坐命者生在己年，有武曲化祿在財帛宮，是最富有的人，若再有祿存在財帛宮，那更是富翁一個了。倘若有廉貞化祿（甲年生的人）為官祿宮，也會是個非常富裕，生活水準很高的人。

紫相坐命者，因為財帛宮有天府這類會儲存，會斤斤計較的財庫星，凡是錢財好處，立即入庫，放入自己的財庫之中，所以他們都是非常會理財的人，而且愈存愈多。他們在用錢、花錢的方式上也是保守的、喜歡計算的，錢只花在自己的身上。在投資方面也同樣是保守的，儲存起來的模式，但是他們的田宅宮是空宮，。財庫空空，是不適合投資房地產的，否則遲早也賣掉，無法留存。

紫相坐命者最適合投資的項目：在銀行做定存儲蓄、長期投資績優股業、政府發行的公債、長期持有公司發行的證券。珠寶、金幣、郵票、高額保險、古董等等，也適合投資自己的事業公司。

紫殺坐命的人

紫微、七殺坐命的人，是帝座與大殺將同坐命宮的人。大殺將是爭戰的將軍，因此在本身命格上就屬於必須要辛苦去競爭，才能得到財富的命格。

紫殺坐命者的財帛宮是武曲財星和貪狼好運星，雙星都居廟位。表示這位將軍是極具財富上的好運運氣的。紫殺坐命的人，都對金錢有強烈的敏感力，他們知道錢財在那裡？如何去賺才賺得多，因此他們在錢財上的好運連連，是誰也比不上的好運機會的。

紫殺坐命者的官祿宮是廉貞、破軍，雙星皆居平陷之位。其人在金錢運上是擁有無限好運，而且是『武貪格』暴發運格，知道如何掌握好運，使錢財級數增加。但是在工作上，他們都是做些複雜的、艱困的、工作環境破破爛爛的（例如工地）、工作型態是零碎、不整齊的（例如電子、五金零件工廠）之類的工作。這些工作多半是需要體力來做，而不需要用太多頭腦思想的工作。

代表知能的官祿宮為廉破，當然在精打細算上是有缺失的。因此紫殺坐命的人，在『命、財、官』中，雖然有財星居廟，好運星也居廟，知道錢在那裡，也很會省錢，但是賺錢的源頭並不好，而且是消耗多的賺錢方式，『命、財、官』中又沒有會存錢的天府、太陰、天相這些星，當然錢財是存不住的了。況且他們的田宅宮（財庫）也是空宮，若是庚年生的人，甲年生的人，有祿存在田宅宮的人還好，其他年份生的人，全是『有財無庫』的人。看得到錢在那裡，但是卻留存不下來，會令人懊嘆！壬年生的人，有武曲化忌在財帛宮，癸年生的人有貪狼化忌在財帛宮，使暴發運格不發，更是連大錢都看不到的人，怨嘆就更厲害了。紫殺坐命的人，都

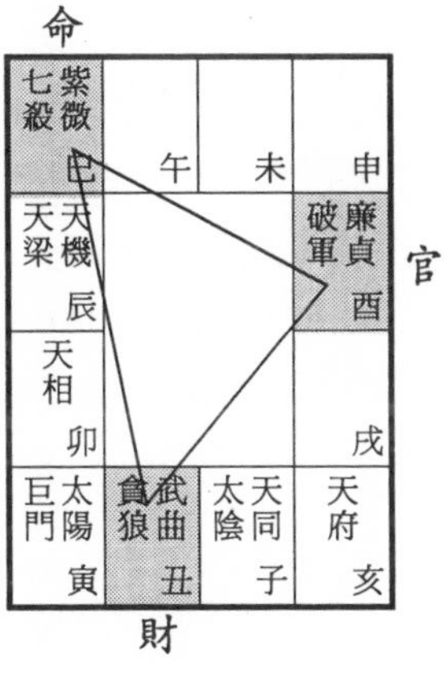

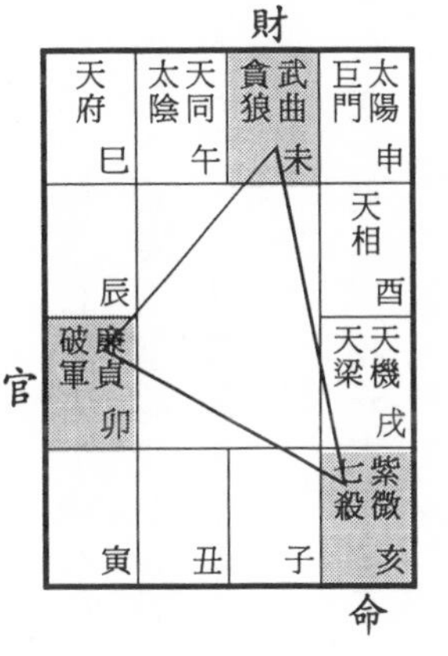

知道自己有暴發運，也都很熱衷暴發運，但是愈熱衷的人就愈怨嘆。

紫殺坐命者的人都喜歡買房地產做為保值的投資，除了田宅宮有祿存的人，能夠存得住之外，其他的人常因流年運程的關係，而使房產進進出出而有消長。其實你們應該把房地產寄在可信賴的家人名下，而這個人又必須是田宅宮（財庫）完滿無缺的人，才會保得住房地產的。

紫殺坐命者最適合的理財投資項目：在銀行中做現金儲存。投資電子、五金零件、金屬器具、鐵工廠等企業。投資股票（需在流年、流月行徑『武貪格』時投資，其他的時間不適宜。有武曲化忌、貪狼化忌的人也不適宜投資股票，會虧損。）投資彩券、大家樂、標會（其條件如上）。投資貴金屬產品、期貨、戰爭地之政府債券，投資期貨時也最好是在『武貪格』暴發的時期。

紫破坐命的人

紫微、破軍坐命的人，是帝座與破軍這位喜歡刑耗的大將軍同坐命宮的人。他們天生就是充滿鬥志，喜歡向外爭戰殺伐的人。但是他們努力的結果並不一定很完美。破軍是掠奪之神，他們對錢財的敏感度並不靈敏。又需要付出血和汗去拚命廝殺拚鬥才會有財可進。因此紫破坐命的人，其財富的格局是不大的。

尤其財帛宮中是武曲居平、七殺居旺，我們就可看出，那完全是要付出很多的勞力血汗才能得到極少的、剛可溫飽的財富了。倘若財帛宮有祿存星，則財富會稍多一些，但也無法和真正富有的人相提並論的。其人的官祿宮是廉貞、貪狼，雙星俱陷落，代表

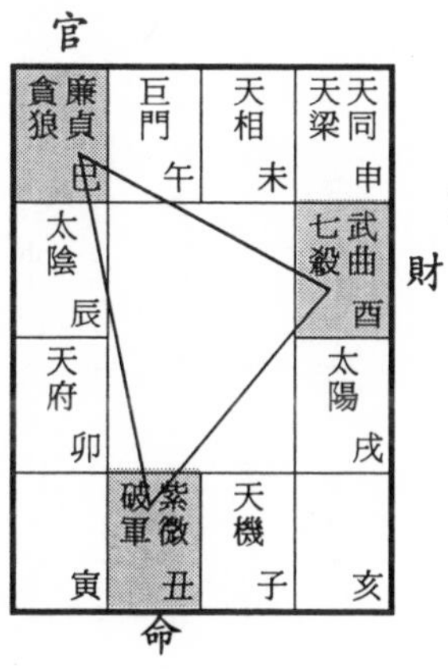

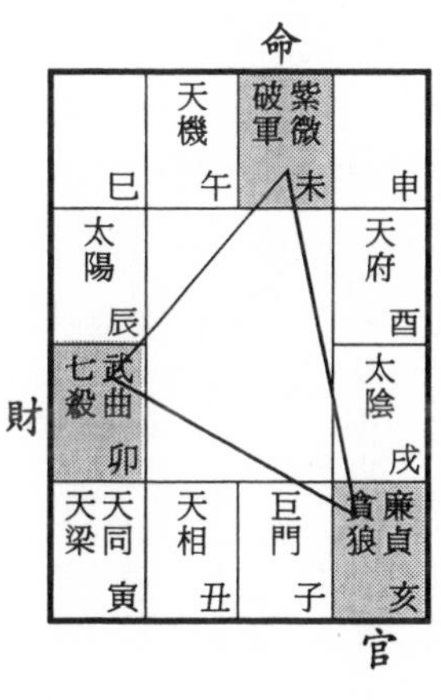

其人的事業和職位都較低，工作型態也是無須用智謀、頭腦的型態。紫破坐命者多半是勞工階級，甲年生有廉貞化祿在官祿官的人，可以因工作上帶來些財利，但也不致於發富。壬年生有紫微化權的人，和癸年生有破軍化權的人，多半會由勞工階級出身而投效政治，成為政治人物。但是政治生涯是大起大落型的，也無法真的富有。

紫破坐命的人在金錢上的耗敗，由其『命、財、官』就可看得出來。其命理格局中只有一顆居平陷之位的武曲財星，而好運星貪狼是陷落的，無法帶來好運，其他就是耗星破軍、殺星七殺、囚星廉貞又居陷。『命、財、官』整個帶財的天命就少了。殺耗刑財之星又居多，這也是賺錢辛苦，又喜歡花錢、耗財的原因。因此，紫破坐命的人大多數都沒有錢來做投資的。若是流年運佳，進了一些財，以他們海派的個性來投資，常也是有去無回，石沈大海。因此我勸紫破坐命的人，最好別投資，只要投資在自己的五臟廟（肚子裡）便好了。因為他們的福德宮是天府，喜歡物質享受，又精於吃之故。倒是紫破坐命未宮的人，田宅宮是太陰居廟，只要不是有太陰化忌在田宅宮，都可保有房地產，算是財庫完美之人。

紫破坐命的人，若有火星、鈴星在官祿宮和廉貪同宮出現時，或與廉貪相照時，會帶一點偏財運，可暴發一點小財，但也不足以靠此發富。只是在流年、流月逢『鈴貪格』、『火貪格』時，財運好一點而已。紫破坐命的人，在身體上常受傷，或有開刀的情形，因此買人壽保險，對他們來說是非常必要的，既能做理財的工具，又能兼顧到減損、補償醫療費的破耗。

紫破坐命丑宮的人適合投資理財的項目：在大機關、大企業、或政府機關工作領取月薪、買一份高額的人壽保險，錢存在銀行做定存。

紫破坐命未宮的人，適合投資理財的項目：買房地產以保值，在大企業、政府部門工作領薪，買金融債券，買高額保險。

天機坐命的人

天機坐命的人，分別有天機坐命子宮、天機坐命午宮、天機坐命丑宮、天機坐命未宮、天機坐命巳宮、天機坐命亥宮六種命格的人。

天機坐命子宮和天機坐命午宮的人，其本命星天機是聰明、善變之星。只是天機坐命的人，都是『機月同梁』格，是領薪過日子的上班族。除非其人的命宮和財帛宮有祿存出現，生活會較富裕一點，或是田宅宮中有祿存出現，可守住一點房地產，其實他們絕大多數的人都是小康格局的人，是無法稱得上富有的。

天機坐命子宮的人，財帛宮是天同居旺、天梁居陷。他們有愛花錢的父母，當然也不吝嗇給他們金錢花用。天機坐命子宮的人，受父母的照顧極多，他們的財帛宮中沒有財星，在官祿宮中的太陰是財星，但是居陷落之位，唯一的財星又發揮不了作用，要是命宮和財帛宮沒有祿存星，便一生受金錢之苦了，並且有很多的天機坐命子宮的人，又是身宮在財帛宮，又特別愛錢，如此一來，錢的來源和運用都不好，真是苦上加苦了。

天機坐命午宮的人，命格中唯一的財星太陰在官祿宮居旺，可以說代表智能的星曜是太陰財星，當然對理財是份外有特殊能力

天機坐命子、午宮

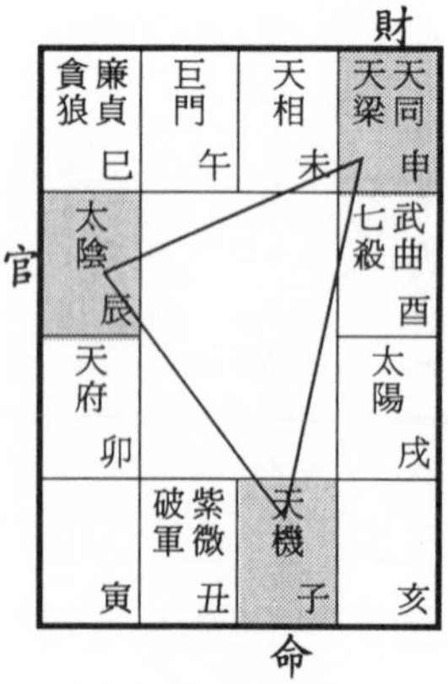

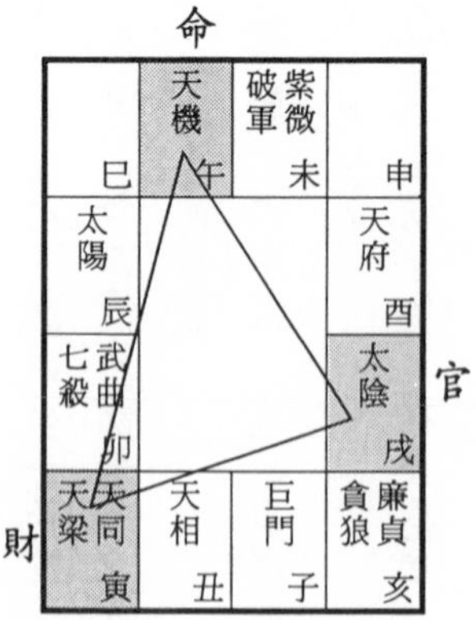

的了。而且太陰是陰藏儲蓄之星，主房產、土地，再加上他們的田宅宮是天府居旺，財庫剛好有財庫星把關，自然守得住財。他們的財富多半會投資在房地產中，手中的現金是很少的。

由天機坐命子、午宮的人的『命、財、官』就可看出，天機坐命子宮的人，智慧與奮鬥力不足，財富是少的，而天機坐命午宮的人，是善用智慧和勤勞的人，財富是比較多的。

天機坐命子宮的人，適合理財投資的項目：把錢存在銀行中做定存。買房地產，但房地產不多。買政府長期債券，不適合做生意式投資，買人壽保險。

天機坐命午宮的人，適合理財投的項目：適合買房地產保值，房地產很多。把錢存在銀行中做定存，不適合做自助會、標會，也不適做金融商品的投資，只適合儲存性質的理財工具。買人壽保險。

天機坐命丑、未宮的人，本命天機星是居陷位的，更不主財，一生的變動又多，因此也屬於『機月同梁』格，必須以賺取薪水來過生活的人。

天機坐命丑、未宮的人，不但命宮居陷，財帛宮的天同福星也居陷。因此賺錢比較辛勞一點。官祿宮又是巨門星，雖居旺，但是非爭鬥很多，在他們的『命、財、官』中，沒有出現一個財星。當然命格是不主財的。但是若命格中的『陽梁昌祿』格很完整，也可以藉由主貴的格局而帶來財富。就像丙、戊年生的人，又生在巳、酉、丑時的人，就會有這種因貴而稍具富有格式的命格。

天機坐命丑、未宮的人，只要不是壬年有武曲化忌，癸年有貪狼化忌的人，都有『武貪格』暴發運。可以在人生中增高成就，也可以帶來一些偏財運。但是因為他們的田宅宮是貪狼星，和房地產無緣，因此不能留存房地產。田宅宮是每個人的財庫，且能有穩定居旺的星曜在其中，才會財庫豐滿，若有好動的星如貪狼，天機、破軍之類的星，則會耗損財庫有破洞，而存不住錢了。

天機坐命丑、未宮的人，本身財少，但父母有錢，為富有之人，也喜歡照顧他，因此他的財全集中在父母之處。

天機坐命丑、未宮

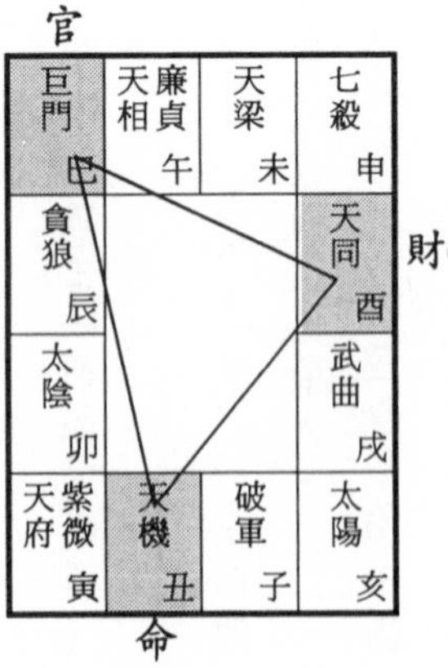

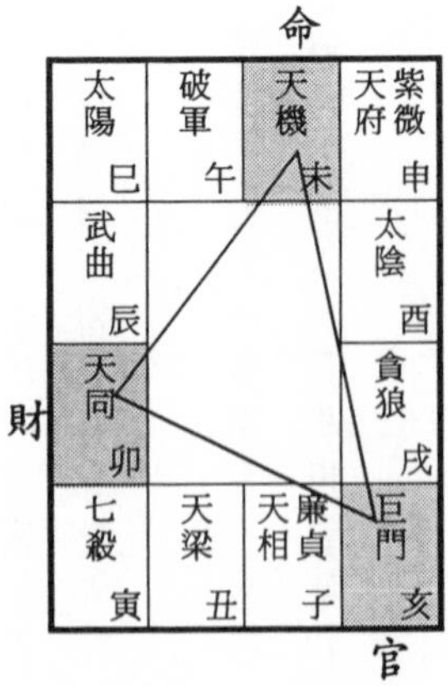

天機坐命丑、未宮的人適合理財投資項目：把錢存在銀行中做定存，買賣股票、期貨、買保險、金融債券，不適合做生意上的投資，否則必有損耗。

天機坐命巳、亥宮的人，本命中的天機星也是居陷位的。也同樣不主財。其人也是『機月同梁』格的成員，必須做薪水階級，才能平順。

天機坐命巳、亥宮的人，財帛宮是天同、巨門，雙星皆居陷，錢財不順且多是非口舌之爭。官祿宮是空宮，有陽梁相照，若有祿存進入官祿宮，尚且可因為所做的工作可帶來錢財之利。若官祿宮中進入擎羊、火、鈴，則工作上的爭鬥非常激烈，錢財更是得之不易了。

從天機坐命巳、亥宮的人的『命、財、官』中，就可發覺完全沒有財星，而唯一的一顆福星又居陷落之位，可見其人對金錢沒有敏感力，對理財也更是沒有具體的辦法了。財運如何能好呢？但是天機坐命巳、亥宮的人，還有一個法寶，就是他們極容易形成『陽梁昌祿格』只要能形成完整『陽梁昌祿』格的人，以貴生財就不是難事，《要瞭解『陽梁昌祿』格的形式，請看法雲居士所著『好運隨你飆』一書，有詳盡的分析解釋》

不過要說天機坐命巳、亥宮的人不懂得理財，他們未必服氣。因為天機坐命巳宮的人，他的遷移宮是太陰居廟，他常有可能會在銀行中工作，接觸最多的就是鈔票了，不過是替別人管理錢財罷了，他本身還是一個上班族。而天機坐命亥宮的人，多半會做文職工作，也沒有機會接觸太多鈔票。

天機坐命巳、亥宮的人，田宅宮又是破軍星，居得地之位。財庫有了耗星，就是有了破洞，是存不了錢財的。因此也不能以房地產做為理財儲存的工具。天機坐命巳、亥宮的人，有祿存、化祿在命宮或官祿宮中出現，或相照官祿宮的人，財運會順利一點，生活較富裕，人也比較隨和圓滑一點，若有巨門化忌在財帛宮，或有太陽化忌相照官祿宮，都是錢財不順利，影響生計的，幸虧他們有世界上最好的父母能資助他們，因此生活無虞。

天機坐命巳宮的人，最適合的理財投資項

天機坐命巳、亥宮

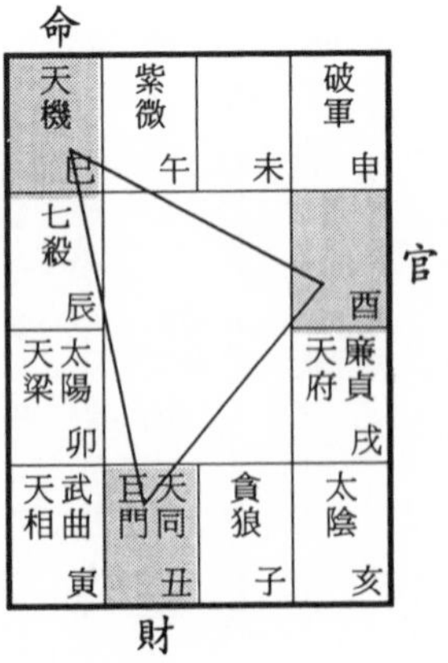

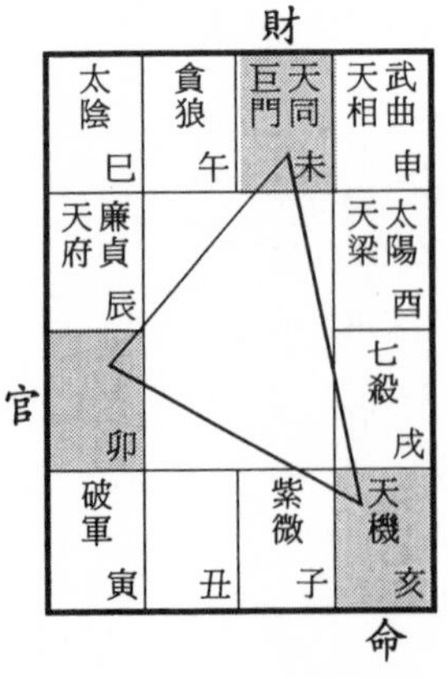

目：把錢財放在銀行做定存。買賣銀行發行的金融商品。做固定有薪水的工作。買定期還本的保險。有『火貪格』、『鈴貪格』的人可投資股票，彩券。不可投資房地產，會有耗損。

天機坐命亥宮的人最適合的投資項目：做固定有薪水可拿的工作。錢放在銀行儲蓄，買定期還本的保險。不可投資房地產。最好少做其他投資。

機陰坐命的人

天機、太陰坐命的人，是天機這顆智多星和太陰這顆感情之星同坐命宮的人，因此他們在性格上聰明、善變、敏感、喜歡感情用事，是不夠理智的。機陰坐命的人一生都不安寧，好動。心情的變化快速，環境的變化也很快速，他們是靜不下來的，若是太安閒了，反而會出錯。因此他們的工作性質常是東奔西跑，如做軍警人員、外務員，到各地表演的藝人等。

機陰坐命的人，『命、財、官』三個宮位就是確確實實的『機月同梁』，財帛宮是天同居平，表示要有固定職業，還要很奔波，才能賺到固定的薪資，而且是有工作就有飯吃的格局。官祿宮是天梁居旺，表示是有貴人照顧，而可以做得有名聲、有成就的工作。機陰坐命的人一般都長得俊美漂亮，而且十分討人喜歡，尤其會得到長輩型的人的疼愛，因此老闆、上司都很喜歡他，在工作上也會特別照顧他。

從機陰坐命者的『命、財、官』看起來，只有太陰星一顆財星，其他的星全不主財。而機陰坐命『寅』宮的人，太陰星居旺，是本命帶財的人。但是太陰的財是『陰財』、『蔭財』，是緩慢而進的財，也是暗藏儲蓄的財，因此無法像別人一樣，一下子就大進財，必須腳踏實地的工作，按部就班的慢慢儲蓄而成。機陰坐命『申』宮的人，因太陰居平，本身帶財少，賺錢得財的速度就更慢了。但是機陰坐命的人，田宅宮都是天相居得地之位，表示財庫還不錯，存得住錢，也有房地

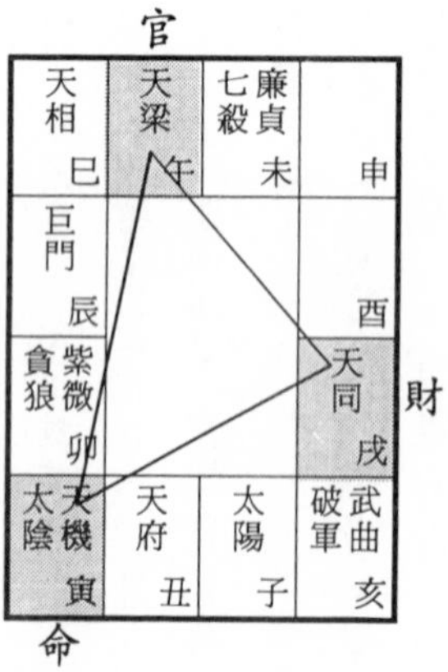

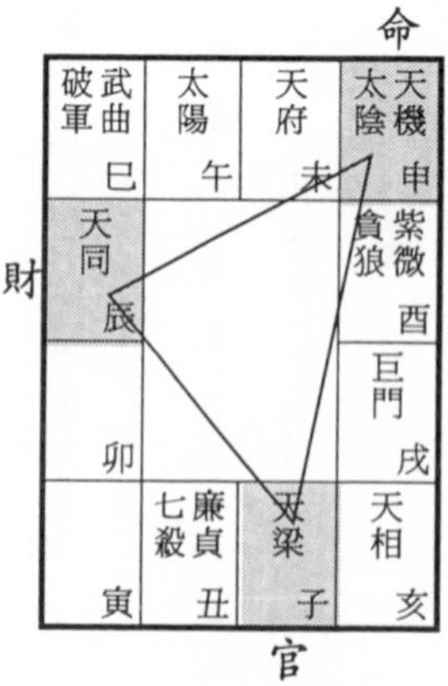

產，小康局面的生活是絕對可以保有的。

若有祿存和化祿在『命、財、官』三個宮位中出現，其人的財富會多一點。此外，若有火星、鈴星在父母宮或疾厄宮出現，會形成『火貪格』、『鈴貪格』，在卯、酉年行經這兩宮的流月中會暴發偏財運。也可帶來一些財富，但其暴發運的格局不會如『武貪格』或『雙暴發運格』的人大。

機陰坐命的人，本命格局就是『機月同梁』格，因此不能做生意，只能做公務員、薪水階級、上班族，因為認真的說起來，你們雖然會存錢，但是對做生意的敏感力還是不足的，因為本命太溫和，情緒又善變，也無法加入競爭激烈的生意行中，否則是必有敗局的。

機陰坐命的人，財帛宮是天同居平，福德宮是巨門居陷，表示你們很勞碌，但財源不好，用錢的方式是不太用腦子而有一點破耗的方式，同時也是對於賺錢沒有敏感力，又有一點懶惰的方式，縱使存了一點錢想來投資做生意，也會因為看不清楚現實狀況而失敗。因此機陰坐命的人，最好就是把錢存在銀行中最保險了。

機陰坐命的人最適合投資項目：把錢放在銀行中做定存。買基金型的股票。買政府債券。買定期還本的保險。或把錢交由妻子去投資。

機巨坐命的人

天機、巨門坐命的人，天機、巨門雙星都在廟旺之位。天機是智多星、巨門是暗星，也主聰明、多疑。因此機巨坐命的人，智慧是特別高的。他們的本命也屬於『機月同梁』格，也是必須堅守自己的崗位，要有固定的工作，以領薪水過日子的人。大多數的機巨坐命者都有『陽梁昌祿』格，學歷高，研究心強，因此都會在較高水準的大機構或公家機構服務，待遇也是高人一等的。我們可以由他的財帛宮是天同居廟，就可看出他所賺的錢完全是平順安享的格式，到時候就拿錢，完全不需為錢傷腦筋，而是人家自動拿來的。雖然有這麼好的財帛宮，當然也表示他們在用錢、花錢上也是不必太花費腦筋的

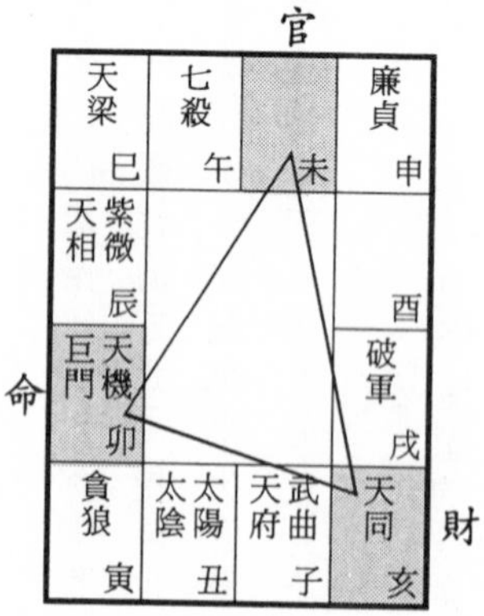

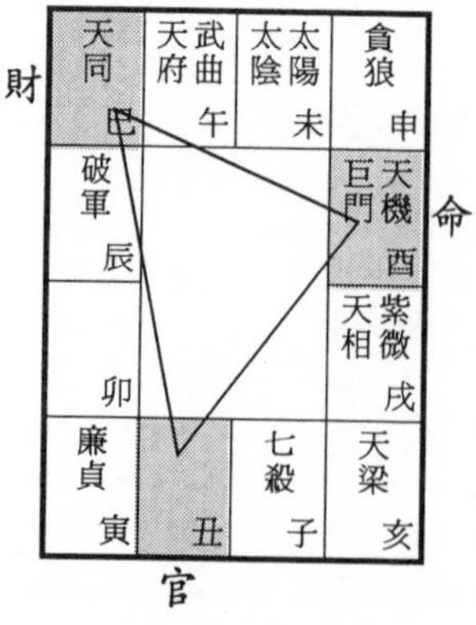

了。因此也屬於對錢的敏感力不佳的人。

機巨坐命者的官祿宮是空宮，有太陽、太陰相照。官祿宮是空宮，事業運就不強，而且是由日月相照，不論命坐卯宮或命坐酉宮的機巨坐命者，都有美中不足的事業運。因為相照的太陽或太陰都有一個是居陷落無光的，因此多變化、陰晴不定。

從機巨坐命者的『命、財、官』來看，機巨坐命卯宮的人，還可勉強找出一個相照官祿宮的財星居廟的太陰。但是相照的功力比實際宮中就有的坐星要差很多，因此不強。機巨坐命酉宮的人，官祿宮相照的財星是居陷的太陰星，就根本沒有財了，還會產生負面影響，有破耗或不進財、窘困的情況。故而從『命、財、官』來分析機巨坐命者的財富，真是不夠多了。

倘若有祿存或化祿在機巨坐命者的命宮和財帛宮出現的人，財富可稍為多一些，生活會更愜意。

機巨坐命的人，多半是有點孤高，不喜歡談錢，覺得有銅臭氣息，相對的他們就對金錢的敏感力不好了，花錢的方式就不受節制了，他們的性格高傲，自以為是，又都是屬於高知識文化群的人，因此他們若要投資理財，一定會去看許多書，尋找很多資料，徹底研究過後才來下決定的。

機巨坐命者最適合投資項目：在銀行中做定存。購買外國績優股票。購買外國避險型基金。購買外幣或匯率差價。買定期贖回國家公債。在期貨公司工作。

機梁坐命的人

天機、天梁坐命的人，是智多星與蔭星同坐命宮的人。因天機居平，是故這類智多星，並不特別的真正的聰明，而是以小聰明見稱的自做聰明的人。相對的蔭星天梁所發揮的效能較大，因此機梁坐命的人，都喜歡講話、聊天、替人出餿主意，但並不願意為所說的話負責任。

機梁坐命者的財帛宮是天同、太陰。因此命、財二宮就形成『機月同梁』格了。所賺的錢自然也是薪水階級的薪水收入了。其人的官祿宮又是空宮。有陽巨相照。事業運不強，工作的時期短，且會是有一段，沒一段的，做做停停不長久。

機梁坐命辰宮的人，在財帛宮中還可見到居廟的太陰財星。因此他們對錢還算精明，也會儲存。進財是一種緩慢的、規律性的方式，財源雖不算好，但過手的錢財還不少。

機梁坐命戌宮的人，財帛宮的天同、天陰都在平陷之位，福德宮又是空宮，就屬於過手的錢財很少，財的來源也很差，幾乎是沒有來源，因此一生的財運是較窘困的狀況。

機梁坐命的人，除了壬年生的人有武曲化忌，癸年生的人有貪狼化忌之外，其他的人都有『武貪格』偏財運。倘若再有火星、鈴星在子女宮或田宅宮出現的人，其人會有雙重暴發運，是有極大發富的格局，但是偏財運都有『暴起暴落』的定律，況且機梁坐命者的田宅宮又是空宮形式，因此是『有財無庫』的命理格局。除非福德宮中有祿存星，可享多一點的富貴。但其整個的命理格局仍是稱不上做富翁的命格的。

機梁坐命的人很聰明，喜歡佔小便宜，

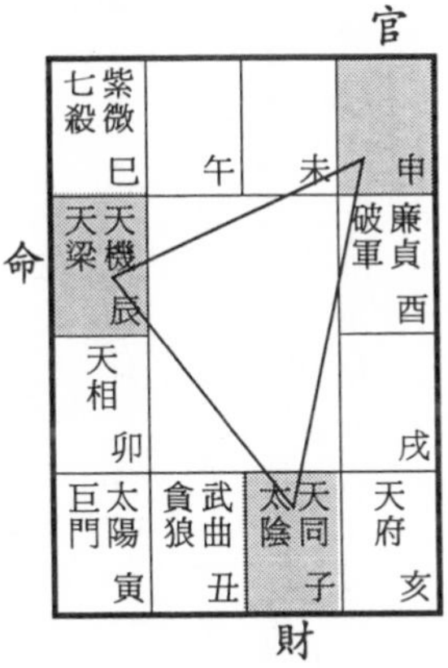

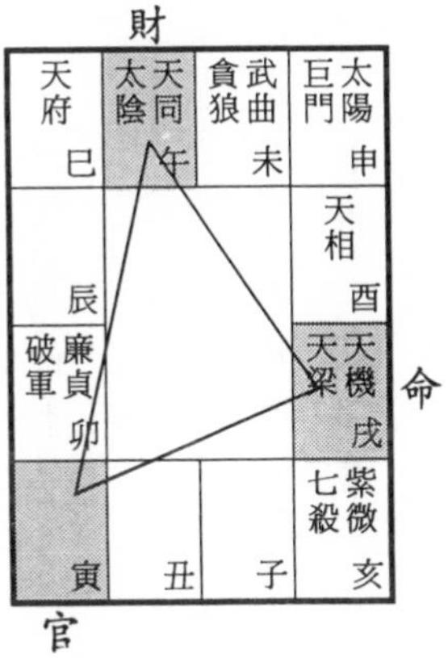

常聽別人鼓動便參加投資行列，但是常因小失大。他們也喜歡利用自己的偏財運、暴發運來賭一賭。十賭九輸是定律，因此一生的財運是起伏不穩定的，也是聰明反被聰明誤，常常吃虧上當的也是這些聰明人。

機梁坐命者最適合的投資項目：做固定的工作拿固定可領的薪水，不要見異思遷。把存款放在銀行做定存。在流年、流月行經暴發運格時可買股票、彩券。不適合買房地產，留不住。保有現金比較恰當。買國際避險基金。

空宮坐命，有機梁相照的人

空宮坐命、有機梁相照的人，這種命格一種就是空宮坐命辰宮，有機梁相照的人。另一種就是空宮坐命戌宮，有機梁相照的人。而命宮空宮中很可能出現的星就是擎羊、陀羅、火星、鈴星、左輔、右弼、文昌、文曲。不會有祿存星的出現。因為祿存不會出現在辰、戌、丑、未宮。有擎羊星出現的人。就稱做擎羊坐命的人。有陀羅星出現的人，就稱為陀羅坐命的人，以此類推……。

然而命宮為空宮中無論出現什麼星，都是會由對宮天機、天梁造成對其人的影響。因此這種空宮坐命而有機梁相照的人，實際上性格、長相、思想、命格也都和機梁坐命的人有大多數相同的特徵。

空宮坐命辰宮，有機梁相照的人，其財帛宮是空宮，由居平陷之位的同陰相照，因此財運就更不佳，不但少而且就更窘困了。倘若在子宮有祿存進入，則會因獨立打拚而有財祿。此人的官祿宮是太陽、巨門。『命、財、官』三方就有命宮和財帛宮是空宮不強的趨勢。當然也會影響到整個命格局勢的好壞。況且官祿宮的太陽、巨門不主財。而財帛宮的太陰星是居陷，而又是回照的形式，因此賺錢和應用錢的手法都不太好，也不太順利了。

空宮坐命戌宮有機梁相照的人，其財帛宮是空宮，有居廟旺的天同、太陰相照。倘

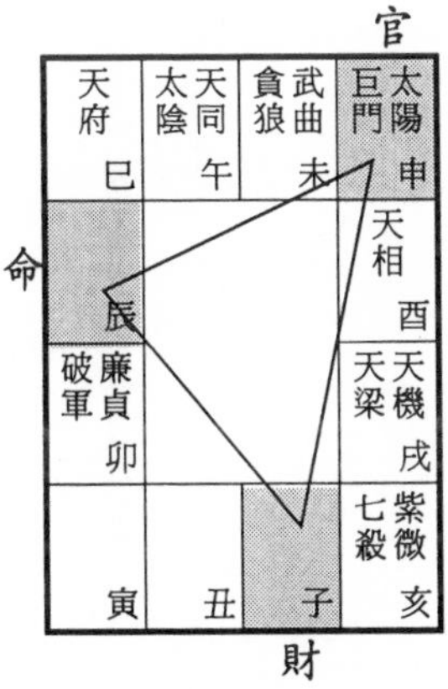

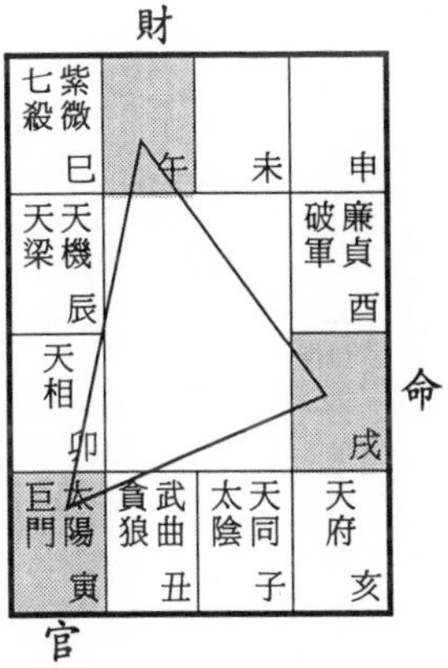

若有祿存在空宮中出現（丁年和己年生的人）則是比較富足的人，為人保守、緊衣縮食的會賺錢、存錢，是生活較為富足的人。

空宮坐命有機梁相照的人，也是『機月同梁』格的人，他們多半會從事公教人員，業務人員，以口才為職業的工作，同時也是薪水階級的人。但仍是不可冒險做生意，否則會有敗局損耗。

空宮坐命有機梁相照的人，也會有『武貪格』偏財運。生在壬年和癸年的人會有化忌星，阻礙暴發運的爆發。其他的人在丑、未年時，和流月逢到丑、未宮時，都會有異外驚喜的結果，因此必須好好把握。因為田宅宮是武曲、貪狼。房地產進出的狀況非常快，因此也不適宜買房地產來保值。流年不利時，一定會失去它們。

空宮坐命有機梁相照的人最適合的投資項目：擁有一份固定領薪水的工作。把錢財放在銀行中做定存。買避險基金。買定期還本的保險。在暴發運的流年、流月中買股票、期貨、彩券。不適合買房地產。

太陽坐命的人

太陽單星坐命的人，依命宮所在宮位的不同，可分成太陽坐命子宮、太陽坐命午宮、太陽坐命辰宮、太陽坐命戌宮、太陽坐命巳宮、太陽坐命亥宮六種命格的人。

太陽坐命子宮，命宮的太陽是居陷位的。**太陽坐命午宮的人**。命宮是居旺的。他們的財帛宮是空宮，有機陰相照。空宮代表運勢不強，較弱，有機陰相照。代表錢財運氣是起伏不定、多變化的狀況。其官祿宮是巨門居陷表示工作上是爭鬥多風險的工作。而且口舌是非不斷。

太陽坐命的人，多半都是適合從公職或薪水階級的人。太陽是官星，因此易於從事公職。在人生格局中，也是『機月同梁』格。

太陽坐命子、午宮的人

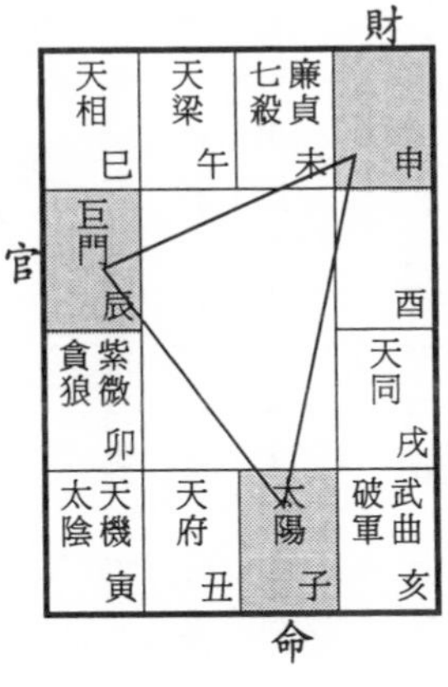

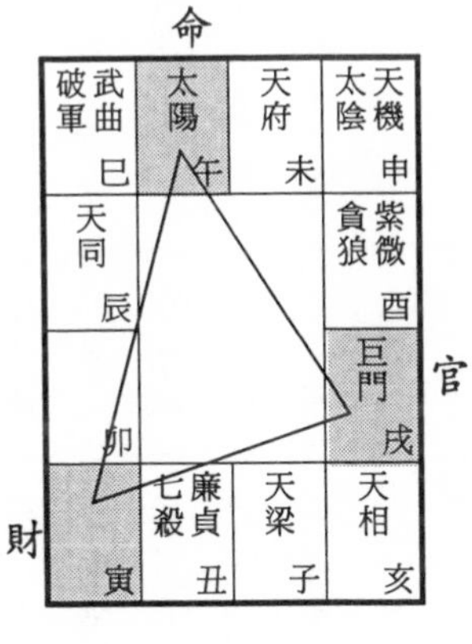

就像是我們可從太陽坐命子、午宮的人，其相照財帛宮的這組星曜天機、太陰就可看出賺錢的方式就是『機月同梁』格。其官祿宮是巨門星。因此太陽坐命子、午宮的人在『命、財、官』中所有的財星，只有一顆相照財帛宮的太陰星。相照的力量本來就較弱。太陽坐命子宮的人還好，相照的太陰居旺，而太陽坐命午宮的人，相照的太陰居平，其財運就更不順利了。最好是財帛宮中有祿存進入，就會較富裕一點了。

財帛宮是空宮的人，當然對金錢的敏感力是差的，花錢、用錢的方式也不會太高明。太陽坐命的人一向理財能力都欠佳。再談到投資，更是門外漢。因此整個命局不主財的人，最好不要做生意，以免有失誤。

太陽坐命子、午宮的人，都沒有偏財運，但是你們有『陽梁昌祿』格。倘若『陽梁昌祿』格完整的人，是有利於公職升遷，也利於在大機構中做專任的經理人。命坐午宮的人，比較有掌握實權，實至名歸的地位。太陽坐命子宮的人比較偏向幕後策劃，地位也會很高。

太陽坐命子、午宮的人最適合投資項目：將薪水收入的餘額放在銀行中做定存，買避險基金，買長期性投資的績優股票、買房地產以保值。買定期還本的保險。

太陽坐命辰、戌宮的人。

坐命辰宮的人，是命宮居旺的人。坐命戌宮的人是命宮居陷位的人。這兩種人在心態上稍有不同，也較會影響他一生的財富和命理格局。太陽坐命辰宮的人，性格開朗、生活愉快，其遷移宮有一顆居旺的太陽星，表示生存的環境是多財而情感豐富愉悅的世界。而太陽坐命戌宮的人，性格較沈悶，喜歡隱慝在人的背後，在男人社會中沒有競爭力。他的遷移宮中的太陰星是居陷的。表示他所生存的環境財少，比較辛苦，而且是情感較冷淡艱澀的世界。這兩種人的境遇就差很多了。

太陽坐命辰、戌宮的人，其財帛宮都是巨門居旺，官祿宮都是空宮有同梁相照，但是『命、財、官』之中都沒有財星出現，因此整個命格來講財就很少了。太陽坐命辰宮

太陽坐命辰、戌宮的人

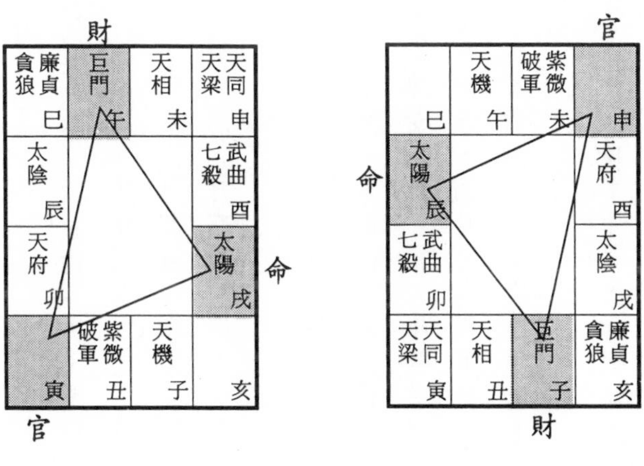

的人還好，他的生活環境中有財，至少還接觸得了財。但太陽坐命戌宮的人生活環境中就少財，自然是起起伏伏，很難有大發展了。

太陽坐命辰、戌宮的人命格中仍然是『機月同梁』格，這是由『夫、遷、福』這一組三合宮位形成的。在他們的命格中，能形成『陽梁昌祿』格的人較少，也不容易完整，因此有些人會跑去做生意，但是因為其基本命格是以薪水階級為主，故而不見得會求財順利。庚年生有太陽化祿在命宮的人，和辛年生有巨門化祿在財帛宮的人，財運會好一點。

太陽坐命辰、戌宮的人，因官祿宮是空宮，除非有祿存出現在官祿宮，否則事業上的起色是不強的。其人的田宅宮（財庫）又是紫微、破軍，是一種會失去房地產再自置的命格。也可以說他們的財庫是先破、再打拚補破洞的形勢。倘若是甲年生的人，有破軍化權在田宅宮的人，倒是可以從事房地的買賣，房地產可以迅速脫手，賺上一筆，但是也會到老時才能真正保有自己的房產。

太陽坐命辰、戌宮的人最適合投資項目：保有固定的職業領薪水。把錢放在銀行做定存。從事房地產買賣行業。做長期性股票投資。投資政府公債。買賣金融貨幣。

太陽坐命巳、亥宮的人，坐命巳宮的人是命宮居旺的人。坐命亥宮的人是命宮居陷的人。

太陽是官星，因此太陽坐命的人多主貴，要走官途較好。以此來論，則以太陽居旺坐命巳宮的人，一生的運程較好，錢財也會較多。反之太陽居陷在亥宮坐命的人，命格中有『日月反背』的格局，一生也會財少、較不順。

太陽坐命巳、亥宮的人，在『命、財、官』中，財星太陰是居於官祿宮中。太陽坐命巳宮的人，官祿宮中的太陰居旺，表示其豐厚的錢財是由事業而來。而太陽坐命亥宮的人，官祿宮中的太陰是居陷的，所得的財就較少了，主要是因為事業上並不會太得意之故。

太陽坐命巳、亥宮的人

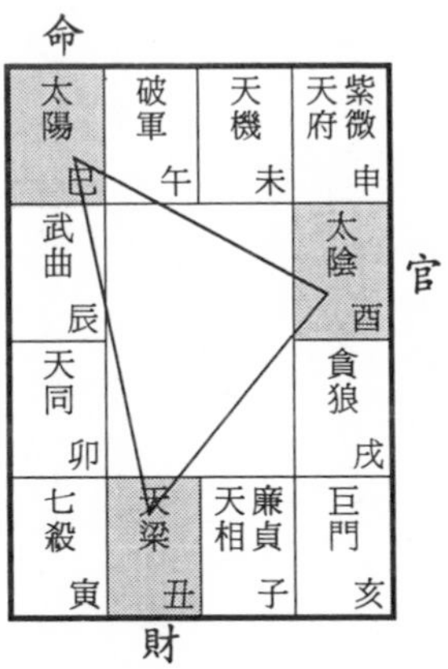

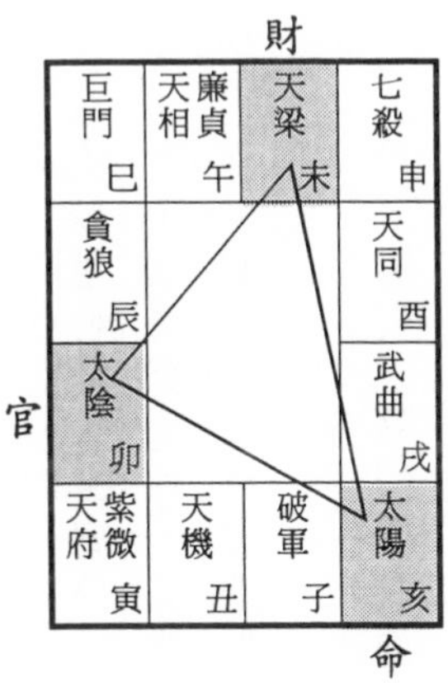

可是太陽坐命巳、亥宮的人，有『陽梁昌祿』格很容易形成的優勢，易於增加學識、學歷和走官途，也易於開創事業。並且太陽坐命巳、亥宮的人還有『武貪格』偏財運格。除了壬年生的人有武曲化忌不能暴發之外，其他的人每隔六、七年就會爆發一次，有無限的好運，也可以創造比一般太陽坐命者多很多的財富。

況且太陽坐命巳、亥宮的人，田宅宮是紫微、天府，有天下第一等級好的財庫，會擁有無數的房地產，是家財萬貫的人。

太陽坐命巳、亥宮的人最適合的理財項目：把錢財放在銀行中做定存。投資債券、經營股票、期貨。買彩券。買金融貨幣。投資房地產。放高利貸。

日月坐命的人

日月坐命的人，就是太陽、太陰坐命的人。太陽、太陰在丑宮坐命時，是太陽居陷，太陰居廟，因此命格中以『財』為重，其人也比較喜歡賺錢，主貴的力量差一點。而太陽、太陰在未宮坐命時，因太陽居得地合格之位，太陰居陷，因此其命格以『主貴』為重，喜歡做事業，從公職、薪水階級，賺錢的能力較差，財也少，但是有『陽梁昌祿』格的人，和財帛宮有祿存的人，會因知識水準上的提高和做公職而有財利。

日月坐命的人，財帛宮是空宮，財運不強，又有天機、巨門相照，兩者皆不是財星。官祿宮的天梁星是蔭星，貴人星，又居陷落之位。因此由其『命、財、官』看來，只有日月命坐命丑宮的人，本命中有財多一點的格局，日月坐命未宮的人，是完全不主財，又財少的格局。

幸而日月坐命的人，田宅宮是紫微、天相。只要沒有煞星侵入，都會是很好的財庫，能憑藉自己的力量而購置房地產來儲財。若是有左輔、右弼同在田宅宮時，表示其人仍可獲得祖產的助力，財富更大。

日月坐命的人，屬於『機月同梁』格，是公職人員和薪水階級的命，若再有『陽梁昌祿

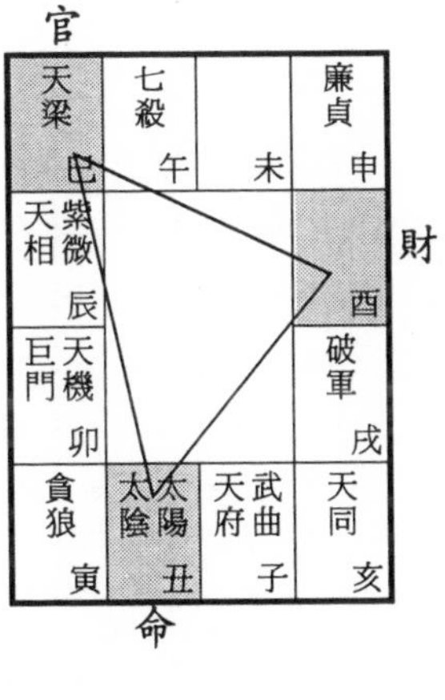

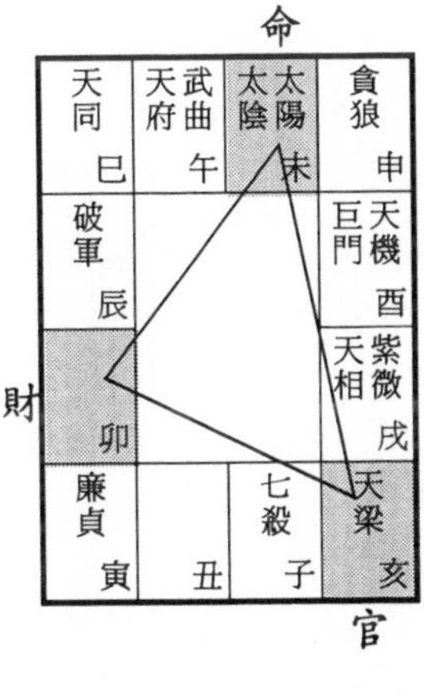

』格，會學歷較高，在公教、大機構，會做地位高、名聲好、待遇優的工作。

日月坐命的人最適合投資項目：做薪水固定的工作。把錢財放在銀行做定存。買人壽健康保險。做長期股票、公債、債券投資、買房地產來保值。投資避險基金。

空宮坐命有日月相照的人

空宮坐命有日月相照的人，命宮的空宮中可能進入的星曜有文昌、文曲、左輔、右弼、擎羊、陀羅、火星、鈴星。不管是那一顆星進入命宮，就以該星為命宮主星。但在歸類上，我們仍將其歸類於空宮坐命的人。

空宮坐命有太陽、太陰相照的人，坐命丑宮的人，相照的太陽在得地之位，太陰居陷，

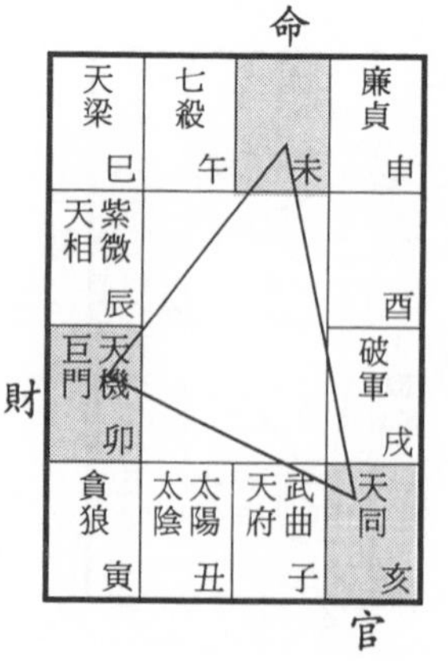

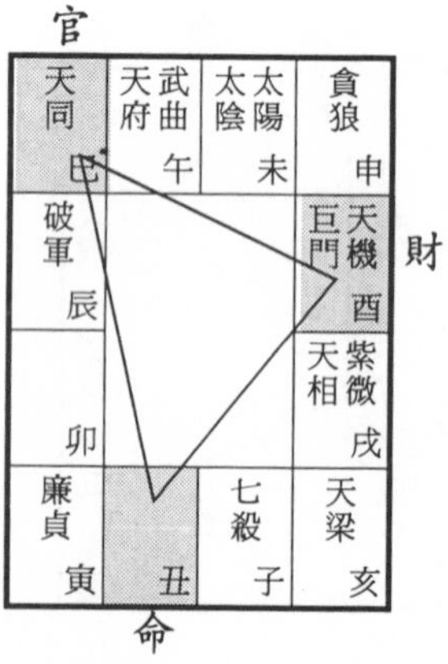

因此命中不帶財，財少，是以『主貴』為主的命格。而命坐未宮的人，因相照的太陽居陷，太陰居廟，命中帶財的成份稍多一點，也會比較喜歡賺錢。

空宮坐命有日月相照的人，命宮雖然是空宮，但財帛宮和官祿宮都有主星，因此靠努力打拚，勤奮生財，反而會比本身是日月坐命的人更具有財運一點。他的財帛宮是天機、巨門，官祿宮是天同居廟。這是『機月同梁』格的格局，必須以薪水階級來賺錢，以儲存的方式來聚財，但田宅宮為破軍居旺，表示財庫有破洞，時好時壞，財運也是陰晴盈虧不定。空宮坐命有日月相照的人，也是對理財沒有概念的人，因此以固守為原則較好。

空宮坐命有日月相照的人最適合投資項目：做薪水階級、堅守崗位，買避險基金。錢財放在銀行做定存儲蓄。買政府公債、債券。買定期還本的人壽健康保險。

陽巨坐命的人

太陽、巨門坐命的人，是太陽官星和巨門暗星同坐命宮的人。坐命寅宮的人，命宮中的太陽居旺，巨門居廟。本命中的運氣較好一點，是利用口才賺錢得利的人。命坐申宮的人，命宮中的太陽居得地之位，巨門也居廟，命格中因有『日月反背』的格局，雖也是靠口才吃飯賺錢，但本命財的部份就較少了。

陽巨坐命的人，在『命、財、官』中，只有命宮有主星。財、官二宮都是空宮，因此工作能力和賺錢的能力是比不上一般有主星在財、官之位的人了。

在陽巨坐命的二種命格中，以命坐寅宮的人，官祿宮有相照居廟旺的天同、太陰，因此財運稍好一點，而命坐申宮的人，因官祿宮相照的天同、太陰居平陷之位，財運不佳。賺錢的能力也最差。

所幸陽巨坐命的人，田宅宮是紫殺，雖不算很好的財庫，但辛勤奮鬥，至老年還是會有一些房地產留存。只是財庫中的財富，

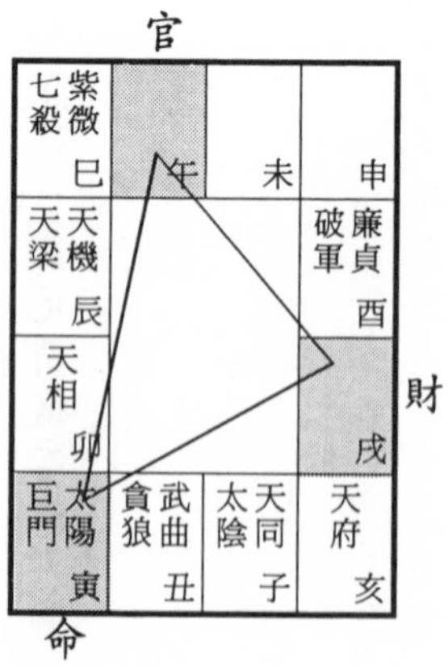

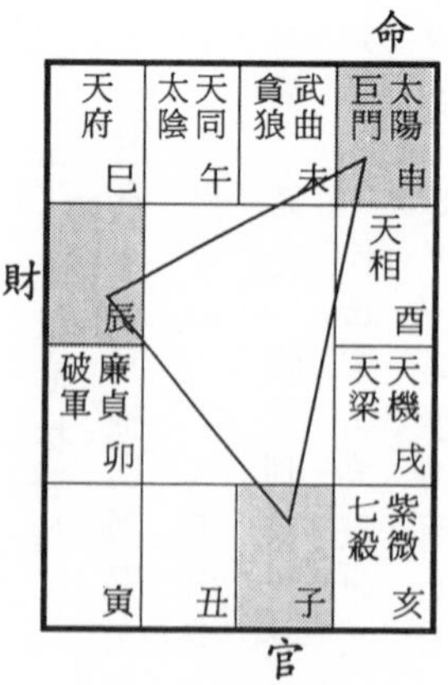

完全要靠自己打拚才會有。

陽巨坐命的人，本命中不帶財，『命、財、官』中也無財，只靠福德宮相照的一點財，因此能享受財的成份少，並且他們對錢的敏感性差，也不會理財。但是他們有『武貪格』偏財運，只要不是壬年生有武曲化忌的人，都會在丑、未年多得一些錢財，可是在卯、酉年逢廉破運就會敗光。因此可理財的時間很短。

陽巨坐命的人最適合的理財項目：做薪水階級領固定薪水。把錢放在銀行中做定存。在丑、未年買彩券、股票、期貨，其他的年份不可做。買避險基金。買長期公債債券。買房地產以保值。

空宮坐命有陽巨相照的人

空宮坐命有太陽、巨門相照的人，命宮中的空宮有可能進入的星曜有文昌、文曲、左輔、右弼、陀羅、火星、鈴星、地劫、天空等星。有什麼星進入命宮就稱是什麼坐命的人。但仍是歸類於空宮坐命的人。

空宮坐命有陽巨相照的人，財帛宮是天機、天梁，官祿宮是天同、太陰。

在『命、財、官』相較之下，命坐申宮的人，因官祿宮有居廟旺的天同、太陰而賺錢能力較強，財富會多一點，而命坐寅宮的人，因官祿宮中的天同居陷，太陰又居平，賺錢能力差，財富少。

空宮坐命有陽巨相照的人，其財、官二宮即形成『機月同梁』格，因此也是個必須有固定領薪工作的薪水階級。因財帛宮不是財星而是機梁，主為人服務，替人工作而賺取薪資。

空宮坐命有陽巨相照的人，若能形成『陽梁昌祿』格的人，其人一生的成就會較大，財富也會較多。有天空、地劫、陀羅在命宮的人，只是一般小市民的命格。但是此命格的人，全都有『武貪格』暴發運，除了壬年生的人有武曲化忌在『武貪格』中不會爆發

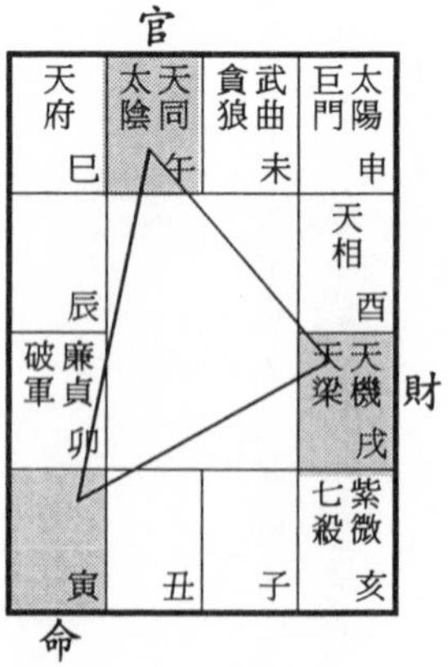

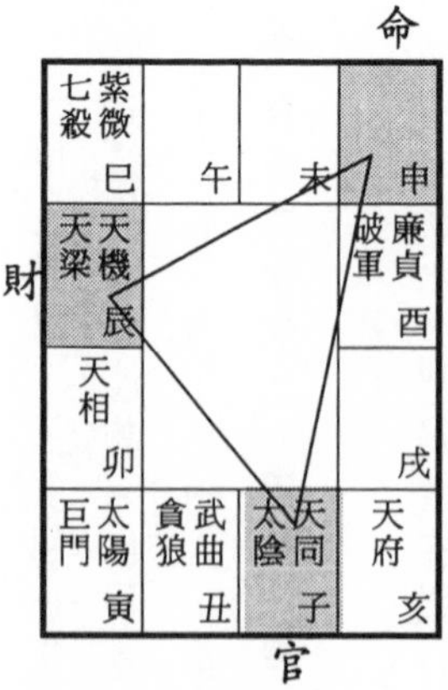

之外，其他的人在丑、未年都會有意外暴發財運的機會，可多得錢財。此命格的人，田宅宮是天府居得地之位，表示財庫尚能積存財物，且有房地產的積蓄。因此可投資房地產做慢慢增值之用。

空宮坐命有陽巨相照的人最適合的投資項目：做固定薪水階級以保財運順利。做房地產投資。買彩券、投資股票（在丑、未年較能獲利）。買避險基金。買金融貨幣、外匯。買政府公債和公司債券。

陽梁坐命的人

太陽、天梁坐命的人，坐命卯宮的人，命宮主星皆居廟位。且是太陽官星與天梁蔭星的組合，因此有官貴。財帛宮又是太陰居廟，財星當旺，自然以財官雙美俱稱。但是官祿宮是空宮，又有同巨相照，因此必須要有文昌、文曲、左輔、右弼進入未宮（官祿宮）才真正能獲得財官雙美的格局。倘若命宮和財帛宮有化祿和祿存同宮，其人在財富上也會有豐美的收入。

陽梁坐命酉宮的人，命宮中太陽居平，天梁在得地之位，一生運氣差一點。其財帛宮的太陰財星又居陷，官祿宮又是空宮，有同巨相照，一生的財運差，對錢沒有敏感力，賺錢的能力又不足，理財能力更差，因此無法多賺錢。

陽梁坐命的人，基本上也是『機月同梁』格的人，要從公職，做固定領薪的工作才會財運順利。但是他們很容易形成『陽梁昌祿』格，若是有此格局的人，在學識和學歷上多增加潛力，則其人的成就和財富都會增多。坐命卯宮的人，田宅宮是紫微居旺，命坐酉宮的人，田宅宮是紫微居平，都屬於第一流的財庫，可積存錢財。仍以陽梁坐卯宮的人，財富較多，房地產也較多，宜以房地產做為財富保值的工具。

陽梁坐命的人最適合投資項目：做公務員、薪水階級保有固定的薪資收入。做房地產投資。在銀行中做定存儲蓄。買避險基金，買東方地區及東南亞地區基金。買定期還本的

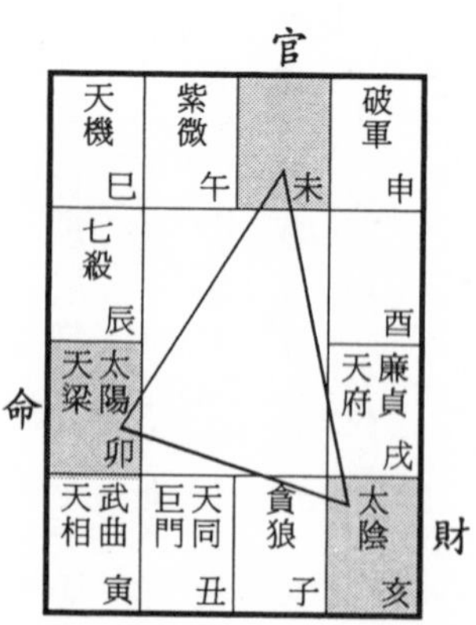

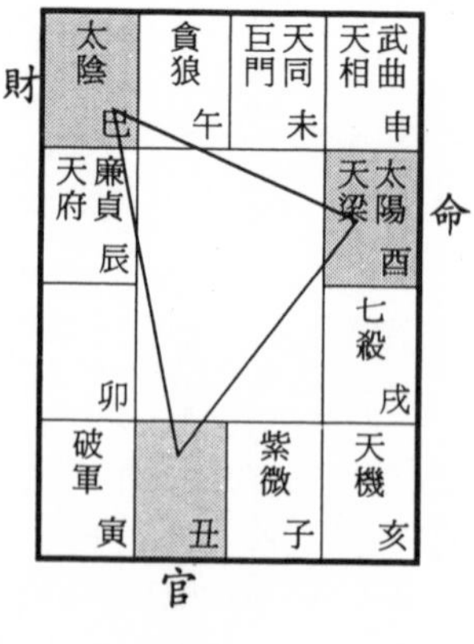

人壽健康保險。

空宮坐命有陽梁相照的人

空宮坐命有陽梁相照的人，其命宮可能進入的星曜有文昌、文曲、左輔、右弼、擎羊、火星、鈴星、天空、地劫。有什麼星進入命宮的空宮裡就是什麼星坐命的人。但命格仍歸類於空宮坐命的人。

空宮坐命有陽梁相照的人，其財帛宮是天機陷落，官祿宮是天同、巨門俱陷落的格式。在『命、財、官』中無一財星，本命是空宮，財、官二宮之星又落陷，因此一生運程和財運都是不佳的。此命格的人，若是有『陽梁昌祿』格，多增學歷智識，則可過得較平順一點。而此命格的人，也是屬於『機月

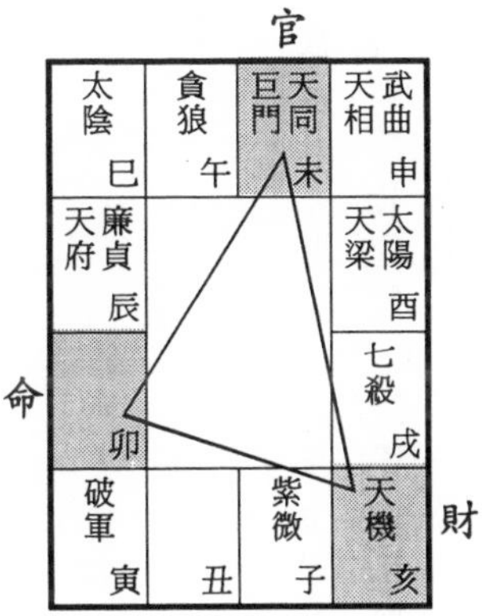

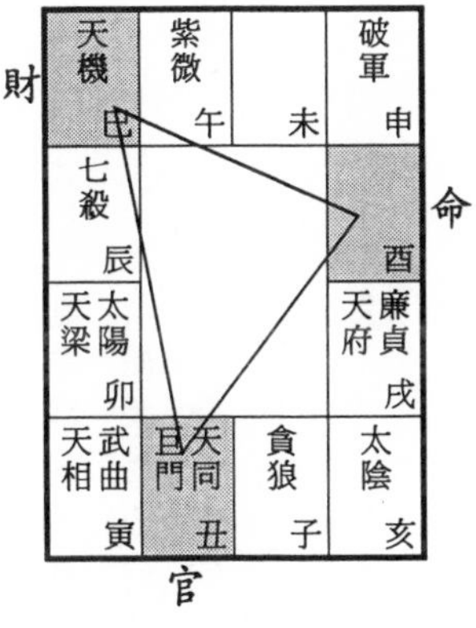

同梁』格，必須有固定薪水來保障生活，不可做生意，必有敗局。

空宮坐命有陽梁相照的人，其田宅宮是貪狼星，表示與房地產無緣。事實上他們有許多好機會，但與財富的緣份也不強。命坐酉宮，有陽梁相照的人，還勉強能享受一點財富，因為福德宮是太陰居廟，父母宮是廉府，所享受的財富是父母長輩所賜與的，本身沒有賺錢和理財的能力。命坐卯宮的人，因福德宮的太陰居陷，所能享受的財富就更少了。本身不會賺錢，不帶財，只有靠自己打拚賺一些可供生活的費用。

空宮坐命有陽梁相照的人最適合理財項目：做一份薪資固定的工作。把錢存在銀行中。

武曲坐命的人

武曲單星坐命的人，都是命宮居廟位的人，武曲是正財星，財星坐命，當然本命有財。而且他們也是對財富、金錢有強烈敏感性的人，知道錢在那裡？如何去賺到。

武曲坐命的人，財帛宮是廉貞、天相，廉貞是囚星，計謀之星。天相是勤勞的福星，因此他們賺錢的方式是保守的，善於計劃性生財的型式。其官祿宮是紫微、天府。紫微是帝座，天府是財庫星，計較星。由武曲坐命者的『命、財、官』就可以看出其人在『命、官』二宮就有二個財星，並且其中一個是庫星，這表示其財富是由工作上所賺取得來的財富，而且是可積蓄的財富。

武曲坐命的人，本身就是『武貪格』暴發運的擁有者，在辰、戌年可暴發財運，多得財富。但是生於壬年，有武曲化忌在命宮的人，卻沒有這項好運。暴發運可能會不發，也會有財運大進大出、有金錢上的是非困擾。

武曲坐命的人，若在命格中再形成『陽梁昌祿』格，那就是『陽梁昌祿』、『機月同梁』格、『武貪格』三種格局皆齊備的命格，可擁有高智識、文化且具有第一等的富

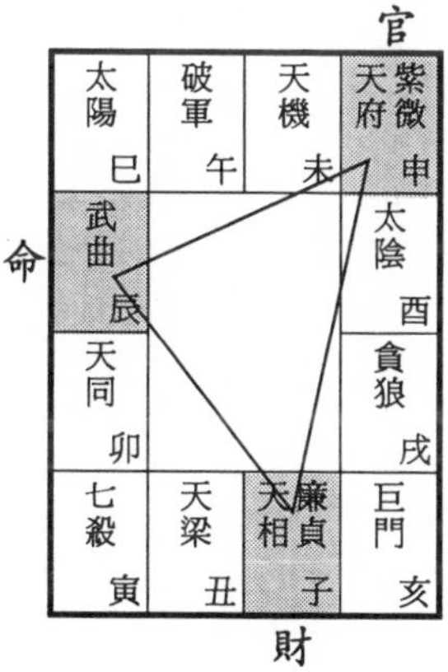

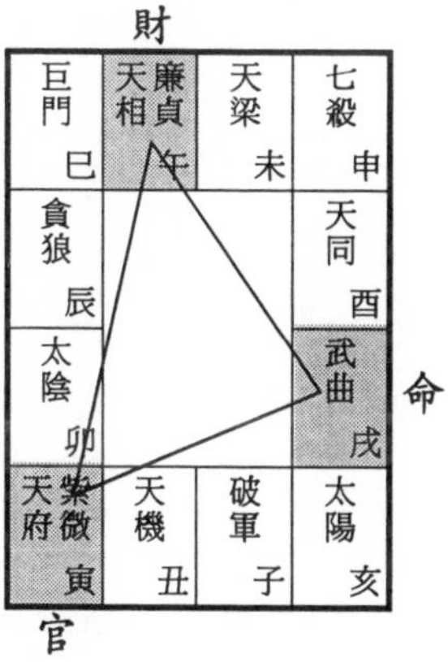

貴命格，其人的成就會很高，從政或做大企業的老闆，掌權、掌財政，都是地位極高的人。武曲坐命的人也會從政治，或做軍警高階人士。做生意人，全是主富成功的人。武曲坐命的人雖有偏財運、暴發格，但他們喜歡投資在事業上，不喜歡做投機性的投資，以免浪費暴發運格。

武曲坐命的人最適合投資項目：投資工廠、貿易性的事業。投資金融貨幣及外匯、外幣買賣。投資股票、期貨。買人壽保險。買西方國家的基金。買避險基金。不適合投資房地產，因田宅宮是天機陷落，會有暴起暴落之運勢。

武府坐命的人

武曲、天府坐命的人，命宮主星皆居旺位。且是財星與財庫星同坐命宮的人，豈能不富？但是有擎羊、火星、地劫、天空在命宮同宮出現的人，一生命運有成敗之分，起伏不定，則適合做一個公務員，和薪水階級的人了。

武府坐命的人，財帛宮是廉貞居廟，表示所賺的錢由智謀策劃來。官祿宮是紫微、天相。表示賺錢的能力很強，且是勤勞致富的人。從武府坐命者的『命、財、官』中就可看出來，其財星和財庫星都在命宮之中，其人本身就是做個對錢財很敏感的人，而且是個聚財、儲財、很會理財的能手，因此他是個以智慧取財，又貪得無厭的人（福德宮有貪狼星），當然財富就會多不勝數了。

武府坐命的人，基本上仍然是『機月同梁』格的人，為人一板一眼只進不出，很會算計，但不捨得投資，他們只會在工作事業上打拚，但並不會用錢財投資在事業上，去做生意來賺錢，因此他們的財是守勢，以精打細算為主體的儲蓄型的財富。武府坐命者多半沒有偏財運。可是當有火星、鈴星在財帛宮或福德宮出現時，就會具有『火貪格』、『鈴貪格』的暴發運了。這種偏財運只能多得一些錢財，實際上要致富的話，仍是要靠武府坐命者本身的儲財功力才能達到。其人田宅宮是機巨。命坐卯宮的人，財庫較

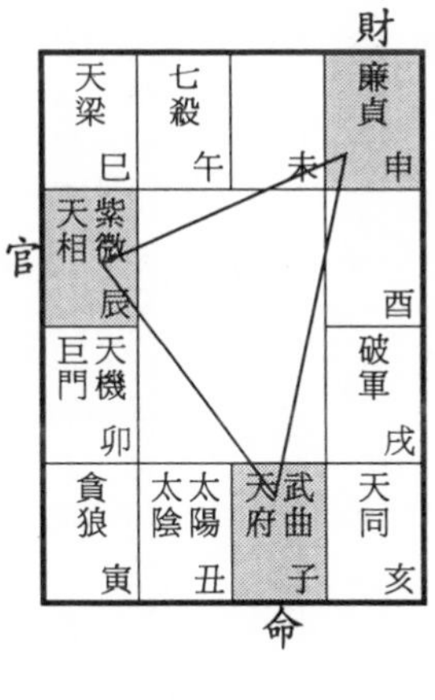

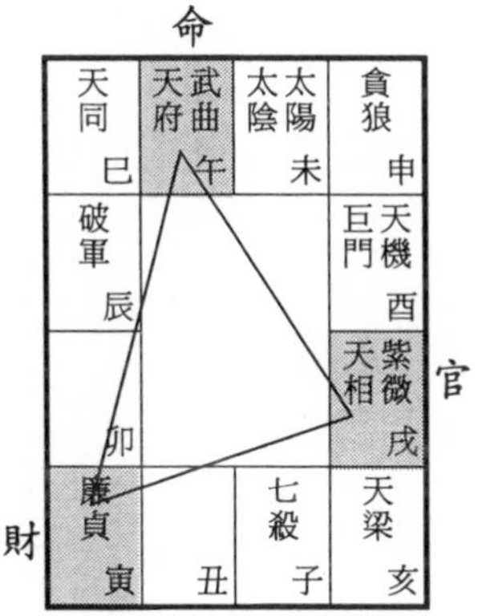

豐滿。坐命酉宮的人財庫是先大後小的局勢，較不能投資房地產。

武府坐命者最適合投資項目：擁有高薪工作。在銀行中做定存生利息。長期擁有股票、基金。投資房地產，投資政府公債及公司債券。投資型態需是一種穩定性高，長期性的，才能賺到錢。

武貪坐命的人

武曲、貪狼坐命的人，本身是武曲財星和貪狼好運星同坐命宮的人，而且命宮主星雙星都居廟位。這表示此人的財運是屬第一流的命格，在錢財上的好運不斷。但命宮主星有武曲化忌時，其人會有金錢運多是非的不理想運程。而命宮主星有貪狼化忌時，此人也會有機會較少、阻礙發財機會的情形了。

武貪坐命的人，本命就是『武貪格』偏財運格，因此其人對錢財的敏感度，對機會展現的敏感度也高。他們雖然很懂得財運的方向，也很會賺錢，但是財帛宮是廉貞、破軍俱陷落的格式，表示用錢、花錢的方式有瑕疵，因此是不聚財的。其田宅宮又是天機、天梁，雙星不是財星，天機又居平，其人對儲存財富也是不夠明智的。

武貪坐命的人，是暴發運格的人，官祿宮是紫微、七殺，表示能在高位、高格調的工作上打拚努力，奮鬥力很強，很會賺錢，但是財庫並不聚財，常因思慮不周全而破財。而且非常奇怪的是他們對於計算和管理錢財的事務卻不甚精通，他們只知怎麼賺進錢財，至於如何轉投資和如何儲蓄才能保住錢財卻並沒有什麼好方法。所幸他們都有精於計算和會理財的配偶，可以幫助他們計算財務和儲存，因此武貪坐命的人和配偶之間的感情就特別親密了。配偶就是他的財務大臣，他只需注意錢的方向和奮力取回即可。由於和配偶的合作無間，在晚年時也可擁有眾多的房地產和財富。

武貪坐命者最適合的投資項目：做股票、

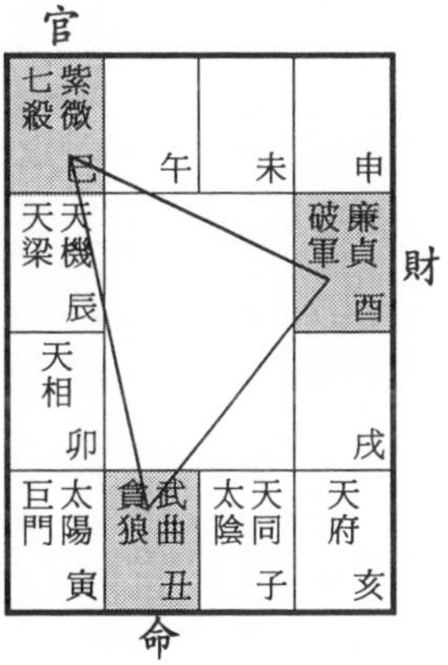

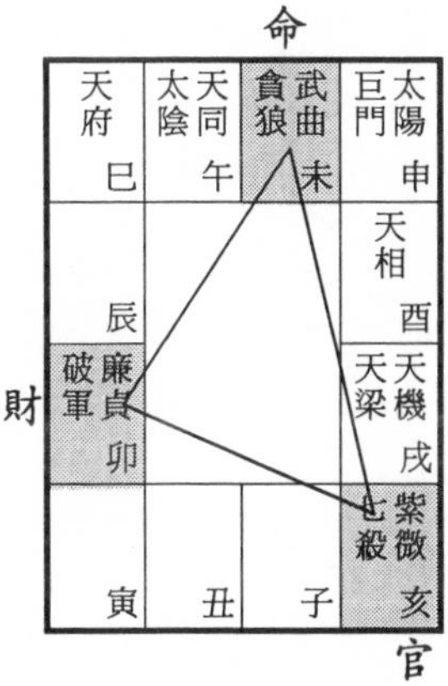

期貨買賣、做快速投資、快速回收的投資行業。做金融貨幣買賣投資。做海外基金操作。做定期、定額儲蓄。做貴金屬投資。

武相坐命的人

武曲、天相坐命的人，是武曲財星和天相福星同坐命宮的人。但是武曲只在得地剛合格之位，而天相福星是居廟位最旺的。這表示其人本命帶財又愛享受，但是還非常勤勞的去賺夠自己享受的錢財。其人的財帛宮是廉貞、天府。廉貞是囚星、智多星，天府是庫星，因此他在錢財的處理上是比較喜歡算計、計較、保守、小心的。其人的官祿宮是紫微星，代表其人會因高職位帶來豐盛的財運。

從武相坐命者的『命、財、官』中，我們就可看到二顆財星，一顆是屬中等合格的武曲財星，一顆是居廟的天府財庫星，有這兩顆財星在命局中，如何能不富貴呢？

此外武相坐命者又有會理財的天相星居廟在命宮中，又有萬事呈祥，又可居高位、有好運的紫微帝座在官祿宮中，金錢運和賺錢能力是非常不錯了。但是其人的田宅宮是天機陷落，表示財庫常動盪不安，是存不住錢財的。也容易失去不動產。因此要買房地產來儲值，情況非常危險。

武相坐命的人，命格中也很容易形成『陽梁昌祿』格，只要有此格局的人，做公職或高薪的薪水階級，生活比較愜意。但是武相坐命的人，都愛做生意，而且他們對衣食業特別偏好。有『陽梁昌祿』格的人，有時候也會因一時的愛賺錢而走他途，損害自己走官途貴命的格局，命宮中有武曲化權（庚年生的人）的人，是肯定會走政治官途的人，也會富貴同高。

一般來說，武相坐命者手頭都很鬆，財庫又不穩定，是『有財無庫』的人，又喜歡

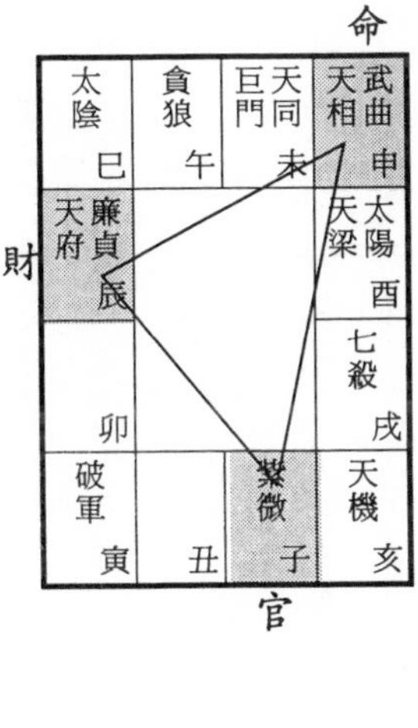

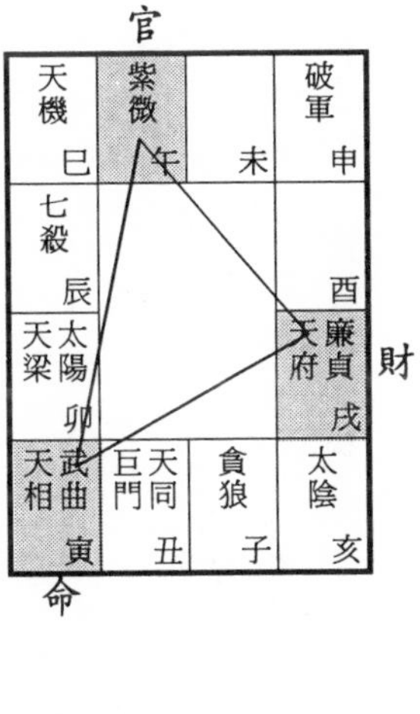

享受，喜歡花錢，在外面的破耗多，只不過他們是福星坐命的人，想要花錢就有得花，是非常好命的人。在理財觀念上來說，他只不過是儘量使自己有足夠可花費的金錢罷了，也可以說他是很會賺錢的人，對錢的敏感性又高，但在儲存方面卻是有瑕疵的，因此不會有太多錢來投資，即使參與投資也會很快的收回來花掉。

武相坐命者最適合投資項目：做固定領薪的薪水階級。做生意，必須有很好的會計收納人員。可投資衣食業。在銀行中做定額定期的儲蓄存款。買避險基金。買外幣匯率。買政府、銀行公債和基金。不可投資房地產。

武殺坐命的人

武曲、七殺坐命的人，是武曲財星和七殺、殺星、大殺將同坐命宮的人。武曲居平，七殺居旺，本命是財少、以大殺將姿態出現的人。因此一生是辛勞奮鬥，努力奪財性質的命格。因為本命財的成份太少，此命格又稱為『因財被劫』的格式，所以其人對金錢運感應的力量是極其微弱的。除了埋頭苦幹，死命打拚之外，並不瞭解如何賺錢。其人的財帛宮是廉貞、貪狼，兩星俱陷落。廉貞是囚星，智多星，陷落時無智慧。貪狼是好運星，陷落時也缺乏好運。在如此的狀況下，武殺坐命的人，在賺錢和運用錢財方面都是最最不佳的狀態了。再加上官祿宮中是紫微、破軍。紫微是官星，破軍是耗星，會增加武殺坐命者在工作上的更奮鬥的力量，但是也更增加了破耗的力量。所以說武殺坐命的人，必須做付出勞力血汗比一般人辛苦得多的工作，才能擠上高位，才能獲得溫飽和一般的財運。武殺坐命者的財，完全是靠自己血汗打拚出來的財，別人是幫不上忙的。

再看看武殺坐命者的財庫，田宅宮有天機居廟，有天機星這顆動星在田宅宮，都是不妙的，會有失去不動產後再打拚自置購買，因此武殺坐命者的財庫也是動盪不安、不穩

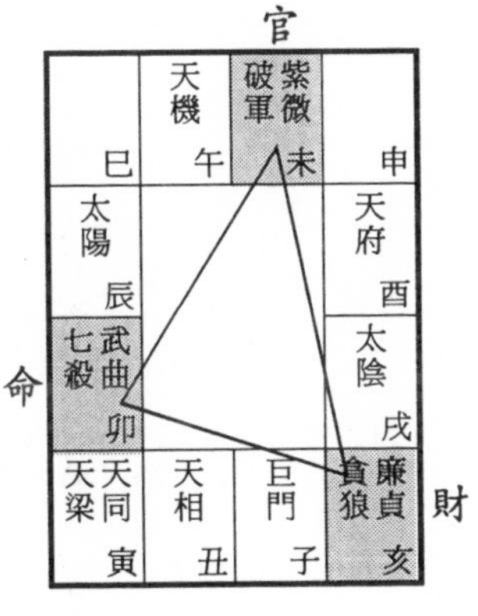

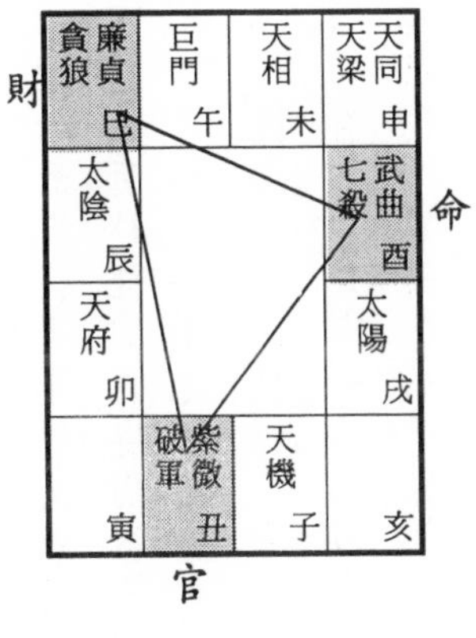

定的。一直要到中老年才會略存積蓄。

武殺坐命者是名符其實的『機月同梁』格。因此一般以從事軍警業者為多，如果能形成『陽梁昌祿』格的人，也會因在工作上有極佳的表現而富裕一點。但是他們是極不適合參與投資的人，一方面財少，很難做大型投資。再方面他們對於賺錢的機會不能分辨是非真假，往往投資下去，都如江海東流、石沈大海。因此有一點積蓄最好放在銀行中做定存。但是有一些武殺坐命者硬是不信邪，看到別人投資賺錢，自己也心癢癢的，躍躍欲試，結果是賠了夫人又折兵。可是他們又不肯罷休，不肯損失自己辛勞的血汗錢，因此又演出鐵公雞，『因財持刀』這個名詞就是為武殺坐命者所設的。

武殺坐命者最適合投資項目：做公職或薪水階級拿固定薪資。把錢放在銀行做定存。中、老年以後為自己買一棟自住的房屋。不可投資或借錢給別人。也不可貪利而隨便投資。

武破坐命的人

武曲、破軍坐命的人，是武曲財星和破軍耗星同坐命宮的人。雙星皆居平陷之位。本命中財是很少的了，而且還有破耗。因此認真的說起來，此人本命中無財，而在陽世間的生存活動完全是依靠掠奪別人的財而存活的。

武破坐命的人財帛宮是廉貞、七殺，是一種智謀平凡，專靠苦力打拚所賺的錢。其人的官祿宮是紫微、貪狼。紫微居旺、貪狼居平。紫微是帝座，貪狼是好運星。代表其人在工作是可以居於高位，但運氣平平，並無特別的好運機會。武破坐命者若想有發展，最好就是從事軍警職的工作。或做有生殺大權的工作，才會有得高位的機會。在他們的

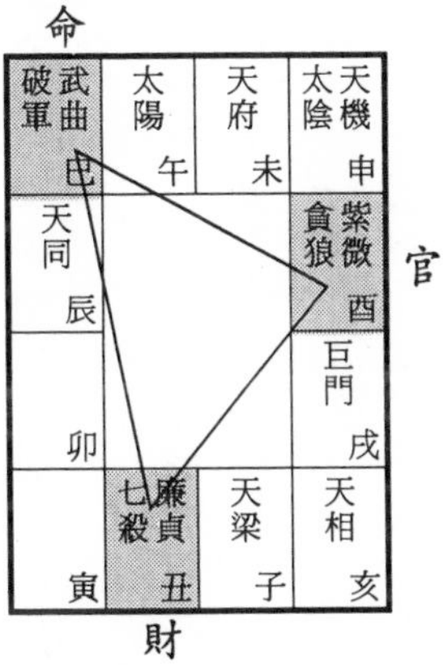

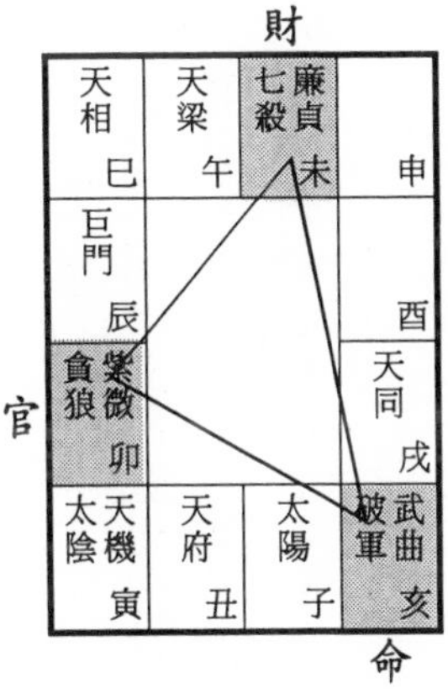

命格中也極容易形成『陽梁昌祿』格，因此武破坐命的人，是主貴，不主財的命格。

從武破坐命者的『命、財、官』中，我們可以看到只有一顆極微弱的財星。但是『殺、破、狼』全在『命、財、官』中，再就是紫微官星和廉貞囚星，同時也屬官星。因此武破坐命者，完全是以命格中的動盪程式而取貴的命格。

武破坐命者，本命中財星武曲就微弱不堪，再加上有耗星在命宮中，財官二宮也沒有財星再出現，是故其人是對於賺錢和用錢皆是不明智的，對錢的敏感力也差，在『兄、疾、田』這一組三合宮位中卻有完整的『機月同梁』格，表示其人要做薪水階級，要由兄弟、朋友、和家中的傳承，而可得到財運平順的人生。

武破坐命的人是絕對不可投資做生意的，縱使命宮中有武曲化祿和破軍化祿也一樣。因為命宮同時也具有破軍星這顆耗星，這也是『因財被劫』的格式，因此與生意無緣，否則必有敗局。其田宅宮又是天機、太陰。武破坐命亥宮的人稍好一點，田宅宮中的太陰居旺，財庫在動盪變化之後，仍可有一些積蓄，因此在中、老年時買房屋不動產較為保險。武破坐命巳宮的人，田宅宮的太陰居平，財庫變化多端，是存不住錢財的，縱使買房地產也會留不住，只適宜把錢財存放銀行做定存了。

武破坐命者最適合投資項目：做軍警、公職、辛勞的職業，有固定薪資。把錢存在銀行中儲蓄。投資武器製造、兵工廠。投資戰爭地區的物資買賣。武破坐命亥宮的人，中、老年以後可投資房地產。

天同坐命的人

天同坐命的人，依命宮所在宮位的不同，而有六種不同的命格。如：天同坐命卯宮、天同坐命酉宮、天同坐命辰宮、天同坐命戌宮、天同坐命巳宮、天同坐命亥宮等六種命格。

天同坐命卯、酉宮的人，命宮主星天同是居平位的。天同是福星，居平時，為福能力不強，因此比較操勞。天同是懶福星，也不是財星，是屬於本命中帶財比較少的人。是靠外面的影響力而得財。他們會有有錢的父母，能幹的兄弟姐妹，比他年紀大而能照顧他的配偶來資助他的財。

天同坐命卯、酉宮的人，其財帛宮是巨門居旺，是一種帶點是非爭鬥性質的賺錢和用錢方式。其官祿宮是天機陷落，事業運很差會處於沒有工作的時期。他們的遷移宮是太陰，因此整個說起來，他們是『機月同梁』格的人，但工作能力不佳。又沒有賺錢、用錢、理財本領。天同坐命卯宮的人還好一點，因為遷移宮的太陰居旺，外界環境較好，父母也較有錢，周圍能資助他的人也比較富有，因此他會過較優裕的生活。天同坐命酉宮的人，遷移宮的太陰星是居陷的，環境就差多了。父母及周圍的人只是小康狀態，能資助他的財力就薄弱了。

從天同全命卯、酉宮的人的『命、財、官』來看，此人是沒有什麼錢財來做投資理財的，再加上他們的財庫（田宅宮）是破軍星。破軍雖然居廟，但依然是個耗星。財庫養了小耗子（小老鼠），當然是無法蓄財的

天同坐命卯、酉宮

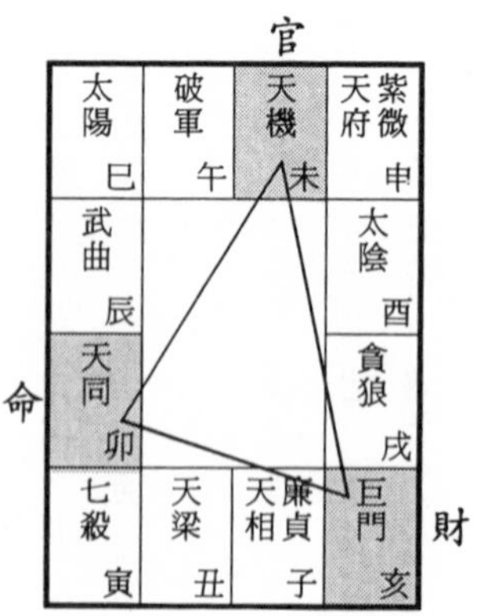

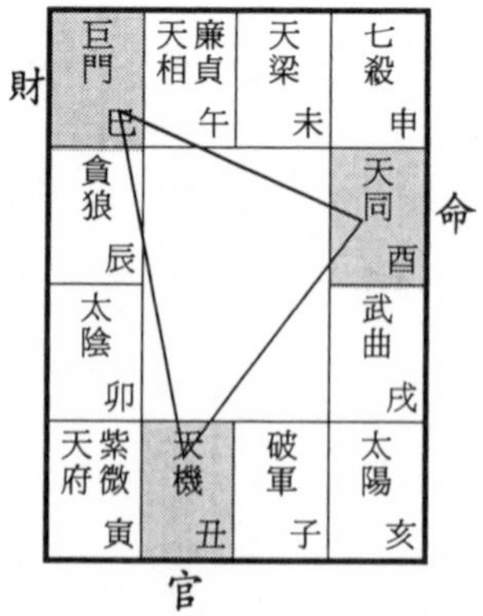

了。因此做房地產的投資也不算明智之舉了。

天同坐命卯、酉宮的人最適合投資項目：

找一份固定工作做一個薪水族，因朋友宮是紫府，可結交權貴和有錢的朋友，以備不時之需，可有借貸求援的對象。找一位財星坐命的有錢人做配偶，這就是一生中最大的投資了。多餘的錢放在銀行中做定存。買避險基金。為自己和配偶買定期還本的保險。

天同坐命辰、戌宮的人，其命宮主星天同也是居平位的，但其遷移宮亦是巨門落陷，因此一生是非多而困苦，倘若有祿星（化祿和祿存）在『命、財、官』中出現，其人的財運會較好，手邊也會略有餘錢來投資了。

天同坐命辰、戌宮的人，其財帛宮都是天梁居旺，這是靠貴人幫助而生財，並且也是靠工作努力有好名聲而得到的財。天梁不

天同坐命辰、戌宮

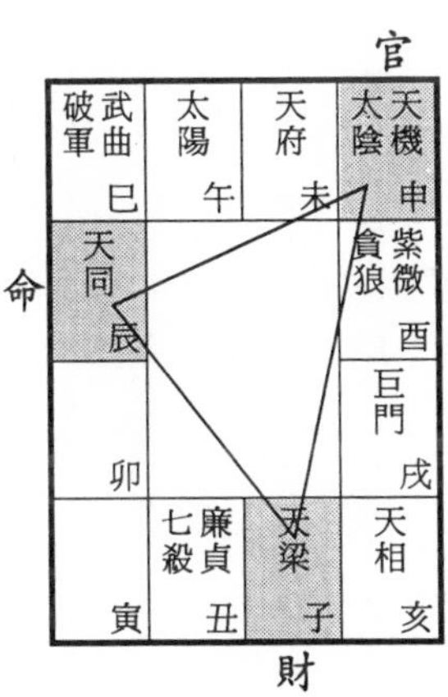

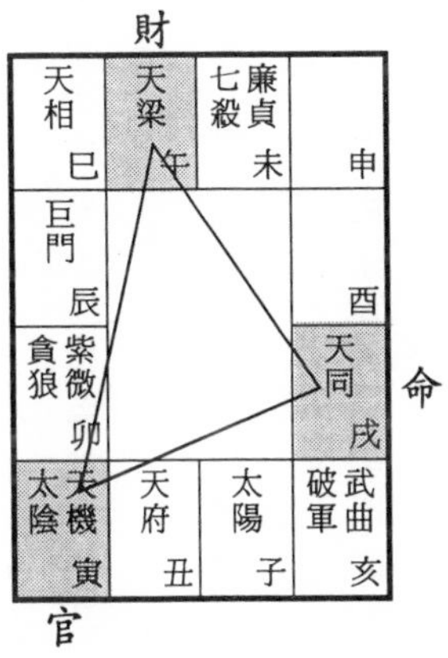

是財星，是蔭星，因此在財帛宮中，其人所能賺到的錢並不會很多。其人官祿宮是天機、太陰。天同命坐戌宮的人，官祿宮中的太陰星是居旺的，因此可以管理財務，也會是個賺錢多一點的人。他們很會存錢，財運雖然一仍是起伏不穩定的狀態，可是他們可把握運氣及工作的變化而得財。

天同坐命辰宮的人，官祿宮中的太陰星是居平位的，在變化多端的工作、事業運中是賺不了很多錢的。

從天同坐命辰、戌宮的人的『命、財、官』中直接就可看到『機月同梁』格，必須做公職，薪水階級，或者是有固定薪資的工作。這是他們必須在人生路途中努力所賺得到的錢。天同坐命辰、戌宮的人，六親緣份都不好，因此必須靠自己打拚，才會有財進。所幸他們的田宅宮是天府居廟，財庫豐滿，正坐財庫星替他守財。因此他們實則是小富之人，老一點的時候，也能成為大富之人喲！

天同坐命辰、戌宮的人最適合投資項目：找一份固定的公職、或大公司、大企業做長期的薪水族。換工作時，注意一定要比以前所做的工作薪水高才換工作。把錢放在銀行做定存儲蓄。買定期還本的保險。買避險基金。買政府公債，債券。買房地產來保值。

天同坐命巳、亥宮的人，其人本命天同是居廟位的，表示其人是正福星，而且是福力雄厚之人。天同是懶福星，很多天同坐命巳、亥宮的人，都很懶惰而無法做事、有出息。只有『命、財、官』有祿存、化權、化祿的人，比較勤於工作，財運也會較好，稍具理財能力。

天同坐命巳、亥宮的人，財帛宮是空宮有太陽、太陰相照。命坐亥宮的人，其財帛宮中相照的太陰星是居廟的，因此命坐亥宮的人，財運雖有起伏，但仍是俱有較佳財運的人。命坐巳宮的人，因相照財帛宮的太陰星居陷，因此一生財運較困頓。

天同坐命巳、亥宮的人，其官祿宮是天機、巨門，表示在事業上的變化和競爭是非常激烈的。此命格的人，適合公教職和學術

天同坐命巳、亥宮

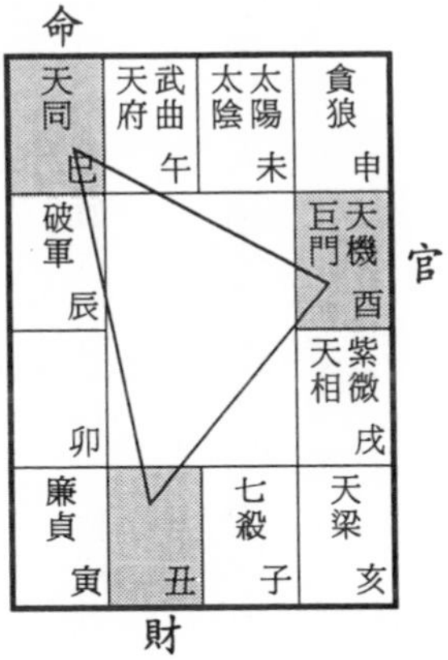

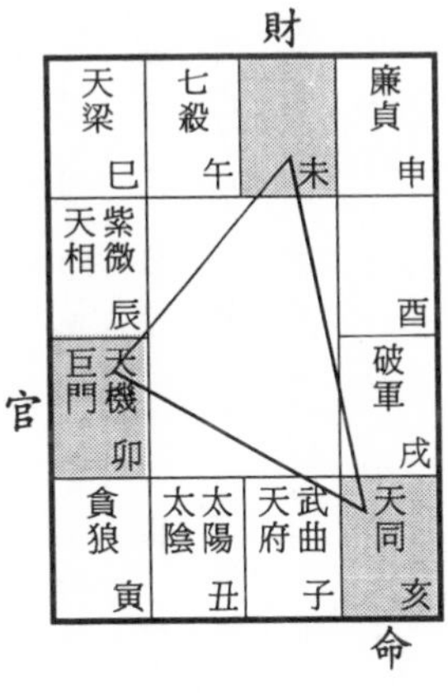

性的研究，在學校和學術機構工作，一生安享太平。

從天同坐命巳、亥宮的人的『命、財、官』中就可看出他們也是『機月同梁』格的人，因此有固定薪資對他們來說就很重要了。倘若『命、財、官』中有化權、化祿的人，才可能做生意成功，其他的人以公職和薪水階級為重。因為有祿星和權星在『命、財、官』的人，對金錢、生意有敏感力，能掌握賺錢良機，也能有奮鬥力，沒有權星和祿星在『命、財、官』中的人，就失去這些先天的優勢，是很難打拚成功的。

天同坐命巳、亥宮的人，田宅宮是貪狼星，與不動產無緣，同時也是財庫存不住錢，『有財沒庫』的人。因此不適合做房地產的投資。

天同坐命巳、亥宮的人一般適合投資的項目：做固定薪水的工作。把錢財放在銀行中做定存。買避險基金。買定期還本的壽險。買政府長期性公債。

天同坐命巳、亥宮的人，『命、財、官』有祿星的人適合投資的項目：投資高科技股票、債券、要長期持有。投資政府建設公債。投資貿易績優的公司。買賣外幣。買海外基金。

同陰坐命的人

天同、太陰坐命的人，是福星和陰財星同坐命宮的人。但是同陰坐命的人有二種命格，一種是同陰坐命子宮的人，命宮主星天同和太陰都是居廟旺之位的，因此擁有福力和儲蓄能力，本命較多財能享受富裕的生活。另一種是同陰坐命午宮的人，因命宮中的天同、太陰居於平陷之位，本命財少，也較勞碌，辛苦，生活環境較清苦。

同陰坐命者的財帛宮是空宮，財運不強。有陽巨相照財帛宮。若是財帛宮中有祿存星，或相照財帛宮的星是太陽化祿或巨門化祿，則其人是稍有財運的人，在錢財的運用方面也會較平順。

一般沒有祿星在財帛宮或相照財帛宮的

同陰坐命子、午宮的人

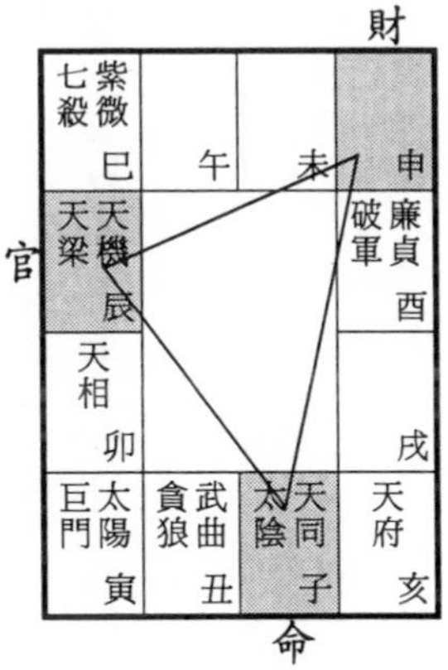

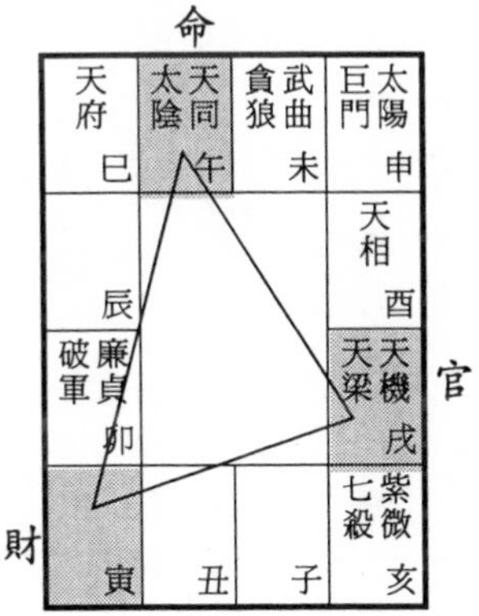

人，財運是空茫不理想的，對於投資理財也沒有具體的辦法，在用錢、花錢上更是沒有原則可循，也可以說他們仍然是對錢不具敏感力的人。

同陰坐命者的官祿宮是天機、天梁。此二星皆不主財，是主智謀和貴人運，因此縱使同陰坐命子宮的人在命宮裡帶點財的人，仍然是對賺錢理財並不算精明的人，他們只是儲蓄的能力好一點罷了。

同陰坐命的人，財帛宮是空宮，而命、官二宮形成『機月同梁』格。因此也不適合做生意，而以固定薪水階級的上班族是最佳理財的企機了。同陰坐命者的田宅宮是天相陷落。天相也是勤勞會理財的福星，陷落時福力較差，理財能力也較差，但是還是會具有理財的能力的。只是不像廟旺時那麼精明罷了。因此同陰坐命的人還是可以買房地產來做保值理財工具的。此外他們還有偏財運，在丑、未年可獲意外之大財。

同陰坐命的人最適合理財投資項目：做固定有薪水可拿的工作。做公職、研究機構人員。把錢放在銀行中生利息。買長期性績優股票來投資。在丑、未年做期貨、股票、彩券可獲大利。買避險基金。買海外基金、公債、外幣等。買房地產做保值投資。

空宮坐命有同陰相照的人

空宮坐命有同陰相照的人，在空宮的命宮中可能進入的星曜有文昌、文曲、左輔、右弼、祿存、擎羊、火星、鈴星、地劫、天空。有什麼星進入命宮，就是什麼星坐命的人。但是其命格在歸類上仍屬『空宮坐命有同陰相照的人』。

空宮坐命有同陰相照的人，在命格中，命、官二宮都是空宮，因此本命不強，事業運也不強。財帛宮中又是太陽和巨門星，雙星皆不是財星，故而命格仍屬『機月同梁』格，是公務員、薪水階級的命格。

在『空宮坐命有同陰相照』的命格中有一種貴格，就是有擎羊星坐命於午宮，而有同陰在子宮相照的命格，這就是『馬頭帶箭

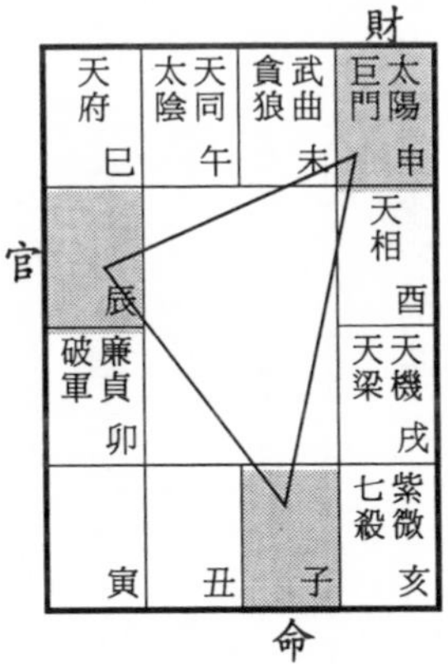

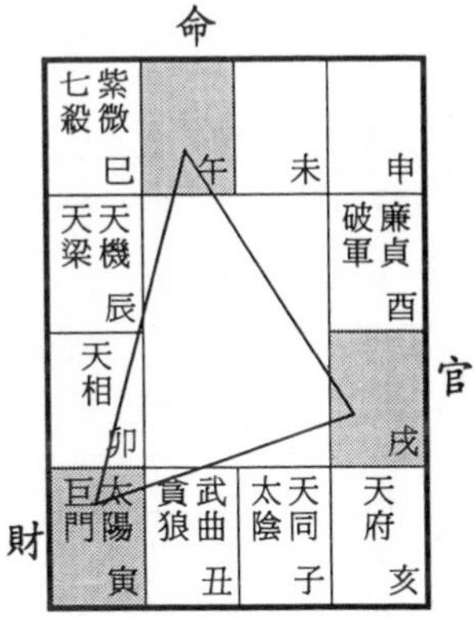

』格。這個命格的人，因命宮是擎羊星雖居陷很兇悍，但也有居廟旺的天同福星和太陰『陰財星』來照耀命宮，因此其人會生活在富裕的環境之中，並且也會獲得福星的庇佑，轉戰沙場，立功邊疆，為富貴同高的將材。（此種命格的人，只有擎羊在午宮坐命，同陰在子宮相照一種，其他的組合皆不是）。

空宮坐命有同陰相照的人，以命坐午宮，有同陰在子宮相照的人財運較好。命坐子宮，同陰在午宮相照，因同陰俱落陷，故財運一生不佳而困頓。又由於『命、財、官』中皆不是財星，而唯一的財星又是相照命宮的格局，其一生財富的層次就很分明了。再加上此命格的人，田宅宮是廉貞、破軍，財庫破了，因此無法儲財，也無法擁有房地產，以住在公家宿舍為佳。

空宮坐命有同陰相照的人最適合投資項目：做公教職，有『馬頭帶箭』格的人，宜做軍警職，做有固定發放薪水的工作。把錢放在銀行做定存收利息。買避險基金。在丑、未年投資股票、期貨、彩券可獲大利。不能買房地產來保值儲蓄，一定會有破耗。買定期還本的壽險。買海外績優股的基金。

同巨坐命的人

天同、巨門坐命的人，是天同福星和巨門暗星（又稱隔角煞）同坐命宮的人。而且兩星又在落陷之位，因此天同福星無力，而巨門暗星猖狂，形成多是非口舌，懶惰沒有工作能力的人生。其人的財帛宮是空宮，有太陽、天梁相照。官祿宮是天機陷落。此人的財多半靠父母、家人、配偶來資助。『命、財、官』中沒有財，奮鬥力量也不足，機會也不夠好。勉強也算是『機月同梁』格的人，但一生工作時期短，賺錢能力差，是談不上什麼投資的。其人的田宅宮是七殺居廟，多努力仍可獲得祖產。財庫到老年稍豐。

同巨坐命的人最適合投資項目：做臨時按時計薪的工作。找一個會賺錢的配偶就是其

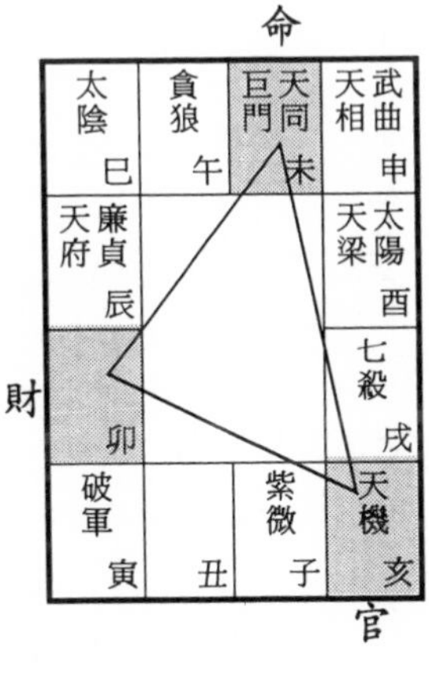

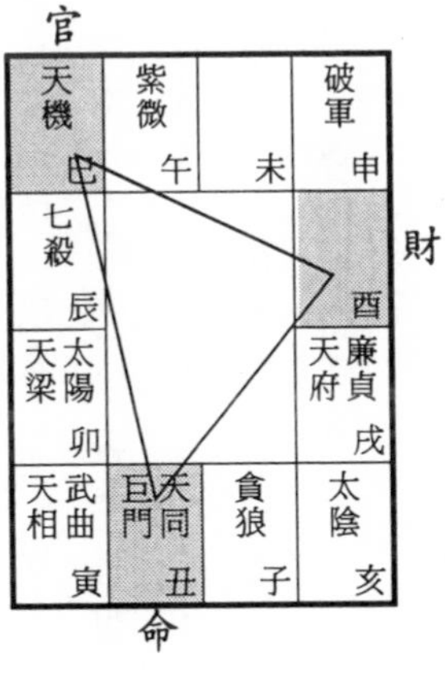

人此生最大的投資了。命坐丑宮的人會達成，並且有悠閒的人生。命坐未宮的人，仍是一生不得意又懶惰的人。也無閒錢來投資理財。買定期還本的壽險。

空宮坐命有同巨相照的人

空宮坐命有同巨相照的人，命宮的空宮裡最可能進入的星曜有文昌、文曲、左輔、右弼、擎羊、陀羅、火星、鈴星、地劫、天空。不會有祿存星入宮。

空宮坐命有同巨相照的人，也有一種貴格的命格，稱做『明珠出海』格。那就是空宮坐命未宮，實際是文昌、文曲一同坐命未宮，而有同巨在丑宮相照的人，還必須有左輔、右弼在午、申相夾命宮，或在丑、寅相夾丑宮的人，也就是必須生於農曆三月、五月、九月、十一月的人，才會有此命格。這是古代壯元及第被招為駙馬的人，會擁有的命格，有財官雙美的格局。

空宮坐命有同巨相照的人，財帛宮是陽梁，官祿官是太陰星。以命坐未宮有同巨相照的人，為最優等的命格。財帛宮的陽梁在廟旺之位。官祿官的太陰也居廟，在工作能力上最強，也能儲存財富，再加上田宅宮是廉貞、天府。一生所賺取的財富入庫封藏，因此是個富有的人。而命坐丑宮為空宮，有同巨相照的人，因財帛宮的陽梁居平位而不強，官祿宮的太陰又居陷位，工作能力差，賺錢的能力自然不佳。縱然田宅宮是廉府，能儲蓄財物，財庫尚可，但先天性所能賺取的錢財就差多了，如何會有較大的財富放入財庫中儲存呢？是故其人在理財能力上也是不強的。

由空宮坐命有同巨相照的人的『命、財、官』中就可看到，只有官祿官有一顆陰財星，這也是保守的，只知儲蓄暗藏的財，並沒有其他對金錢性敏感會努力賺取的財星，因此整個命格還是以蓄藏式的『機月同梁』格做主體，也就是以薪資結構做為理財的方法了。

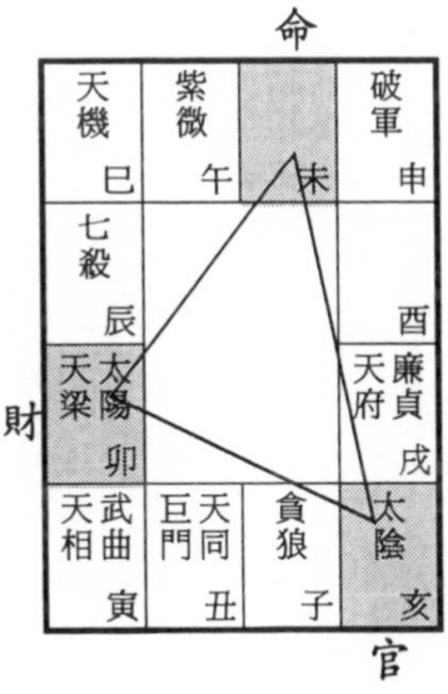

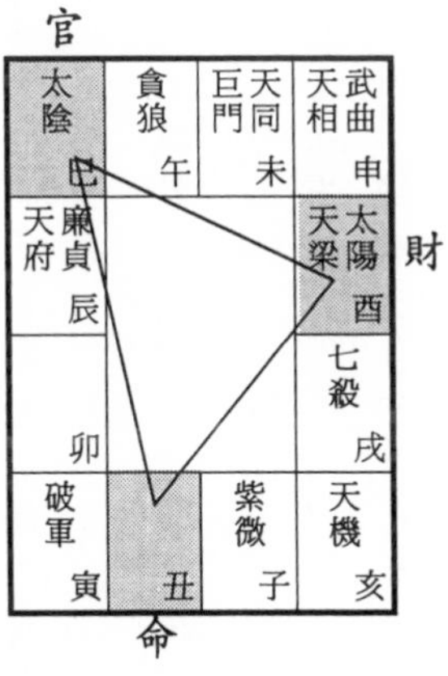

空宮坐命有同巨相照的人最適合的投資項目：做固定有薪水的上班族。把錢存在銀行中做定存。買績優避險股票。買政府、公司公債。買定期還本的壽險。買房地產做保值之用。

同梁坐命的人

天同、天梁坐命的人，是天同福星和天梁蔭星、貴人星同坐命宮的人。同梁坐命有二種不同的命格。一是同梁坐命寅宮，這是天同居平，天梁居廟的命格。此命格中福星居平沒有福力，多辛勞。而天梁居廟，代表有蔭庇和貴人運在本命中。同梁坐命申宮的人，則天同福星居旺，天梁蔭星居陷，是愛享受較懶惰的人。

同梁坐命寅宮和同梁坐命申宮的人，財、官二宮雖然同為太陰星和天機星，但因命宮主星天同、天梁的旺度不同，和財帛宮中的太陰星的旺度不同，一生的命運有很大的差異。並且在一生財富的獲得上也有很大的不同。同梁坐命寅宮的人，財帛宮的太陰星是居旺的，他們對於金錢的賺取和使用方法是以儲存的方式來累積而成的，而同梁坐命申宮的人，財帛宮的太陰是居陷位的，他對於金錢的賺取和使用方法就很差了，因為財少沒有錢，是很難達到儲存累積的。而且對金錢的敏感度極低，無法賺到較多錢。

從同梁坐命者的『命、財、官』中就可以看到是純粹的『機月同梁』格。是必須做固定上班的薪水族才能平順的命格。其官祿宮是天機居廟。代表其人在工作上必須用腦力且是環境多變的工作。以同梁坐命寅宮的人職位會較高，但他們全都是不能做生意的料。

在同梁坐命者的田宅宮裡是空宮，有廉貪相照的形式，這代表其人的財庫經常是空虛沒有錢的狀況，有房地產也留不住，因此不可投資房地產來增值。

同梁坐命的人最適合的投資項目：找一份

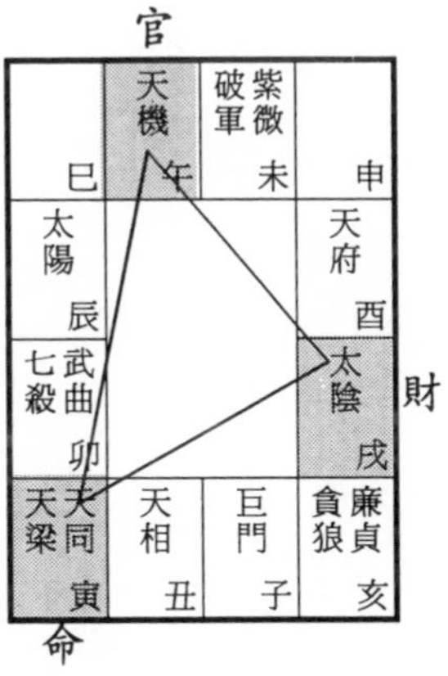

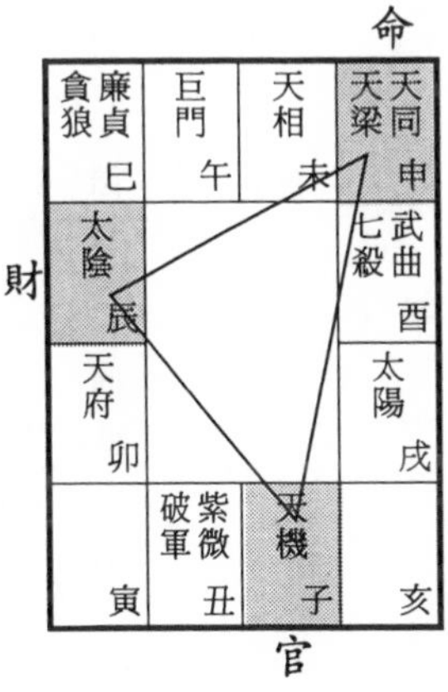

固定的工作，領薪資以求穩定。把錢放在銀行中生利息。買避險基金。買定期還本的壽險。買政府公債。投資服務業、餐飲業，但仍需天上班才能進財，而且不可自己做老板，可與人合夥一起做。投資股票、期貨做長期投資。

空宮坐命有同梁相照的人

空宮坐命有天同、天梁相照的人，其為空宮的命宮內，最可能進入的星曜有文昌、文曲、左輔、右弼、祿存、陀羅、火星、鈴星、地劫、天空等星。有什麼星進入命宮中，就是什麼星坐命的人。但其命格仍歸類為空宮坐命有同梁相照的人。

空宮坐命有同梁相照的人，命坐寅宮的人，命宮會有居旺的天同和居陷位的天梁一同相照，這是心態懶，做事賺錢能力不佳的人。他們的財帛宮是太陽居陷，福德宮的太陰也居陷，這是『日月反背』的格局。因此不但財的來源不好，財的賺取與應用的方式都會不好。其官祿宮又是巨門居旺，表示工作上的爭鬥很多。由『命、財、官』中無一財星，再加上太陽、天梁都是居陷位的，因此是對錢沒有敏感度，賺錢能力不強，儲存能力也差的人。

紫微格局看理財

坐命申宮的人，有居平位的天同和居廟的天梁來相照，其人是操勞不停，而有貴人幫助生財的人。其財帛宮的太陽居旺，福德宮有太陰財星居旺，代表財的來源不錯，且有儲存的本領，因此財運順暢。其官祿宮是巨門居旺，仍然是爭鬥多、是非多的工作環境，賺錢不容易。

空宮坐命有同梁相照的人，在命格中同樣是『機月同梁』格的人。必須做薪水階級的上班族。其人在田宅宮是廉貞、貪狼，表示其人會把祖業敗光，自已也無法再置產業。同時也表示其財庫常是阮囊羞澀的，根本無法存得住錢和擁有房地產。

空宮坐命有同梁相照的人，最適合的投資項目：擁有固定的工作領薪水維持生活，把錢放在銀行做定存。買定期還本的保險。投

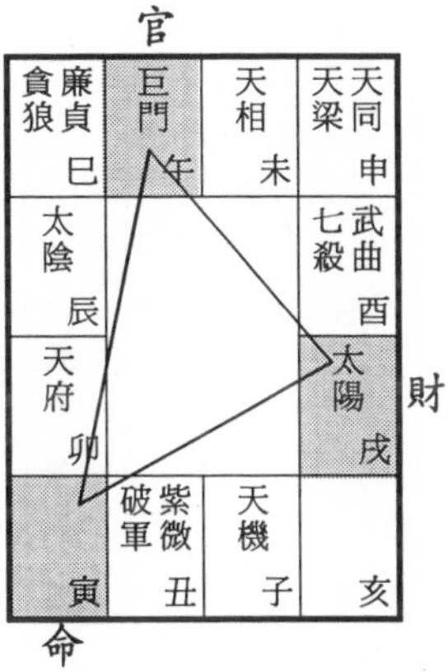

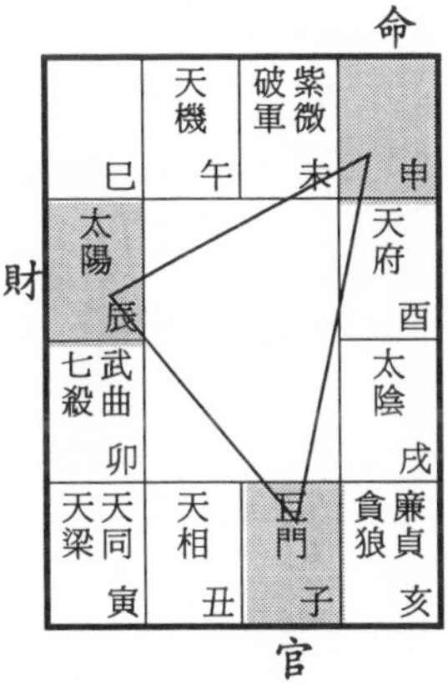

資服務業、餐飲行業、要與人合夥，不可自己當老板。投資股票、期貨做短線交易。

廉貞坐命的人

廉貞單星坐命的人，是囚星坐命的人，同時廉貞也是官星，為官祿主。廉貞單星坐命時，是居廟位的。其人胸有城府，善計謀策劃，也是智多星。其人的財帛宮是紫微、天相，表示其人會有高水準的收入，且會理財，其人的官祿宮是武曲、天府，皆居旺位。事業上帶來的財極豐厚，而且是個很會賺錢的人。從廉貞坐命者的『命、財、官』中就可看到正財星、財庫星、會理財的星，又有帝座，善計謀的官星。如此的『命、財、官』結構，如何會不富呢？他們不但會賺錢，對理財也有一套自己的特殊方式。再加上他們的田宅宮是天同福星居廟，財庫由一個福星看守著，

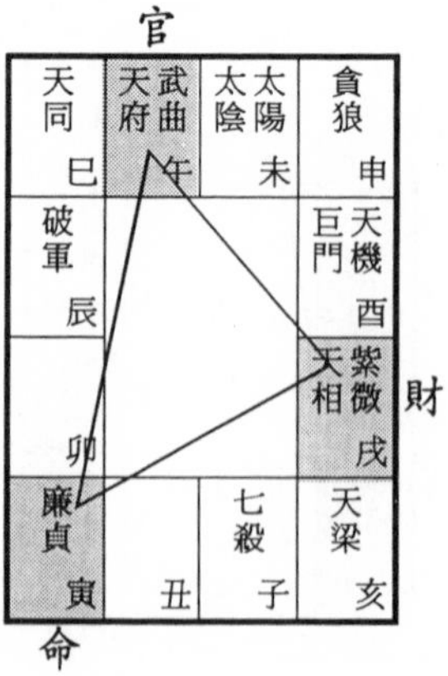

必然是愈聚愈多的形勢了。

廉貞坐命的人，基本上還是『機月同梁』格的人，一定會從薪水階級起家，他們的命格極易形成『陽梁昌祿』格，因此做公務員，有貴格，走官途，是他們多半會走的路，愈老地位愈高，這也是能使他們富貴同高的捷徑了。

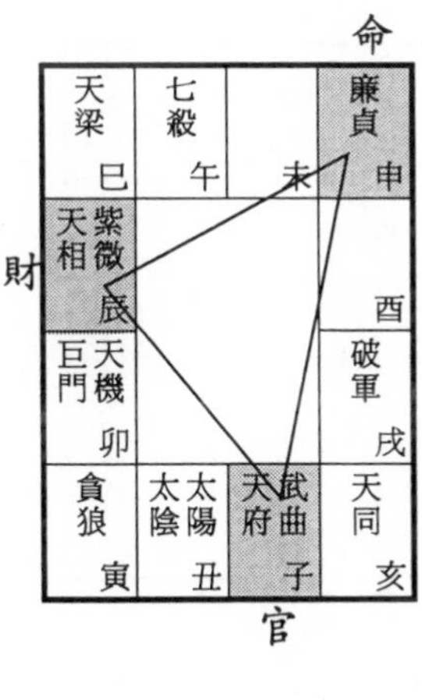

廉貞坐命的人，若命宮或官祿宮中有化忌星和擎羊出現的人，是財富和成就會打折扣的人，一生的運程也會差一點。

廉貞坐命者最適合投資項目：做公務員邁入高薪官貴之途，或在大機構工作為薪水族。另外可做金融債券操作。買海外基金，做外幣買賣操作。做績優、股票、期貨操作，長期持有避險基金。買古董、金幣、郵票投資。買房地產做投資及保值之用。

廉府坐命的人

廉貞、天府坐命的人，是囚星與庫星同坐命的人，把財庫囚在自己的家中，當然是富有的人了。廉貞居平，天府居廟。表示其人在智謀上是差一點，但是非常會計較，也很會算計金錢。其人很吝嗇，是只進不出的人，主要是因為天府是庫星，必須收納典藏之故。

廉府坐命的人，財帛宮是紫微帝座，表示其人在賺錢和應用錢財上都屬最高層次的人。其官祿宮是武曲、天相。武曲是財星、天相是福星。表示其人在工作上也是以賺錢和理財為主。這是一個對錢財非常敏感，自私，完全都要納入自己財庫的人。因此是非常會賺錢的人。

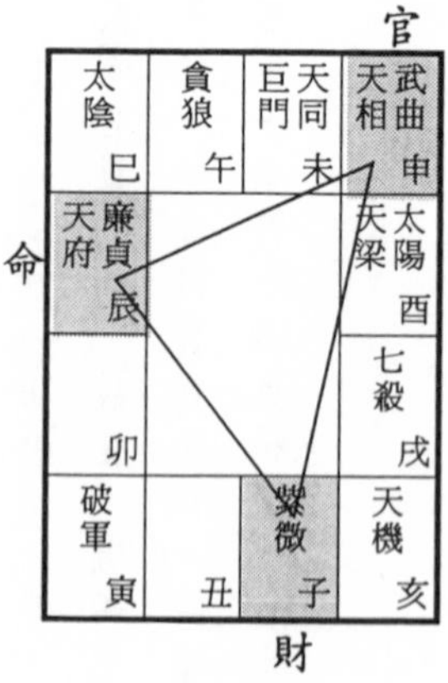

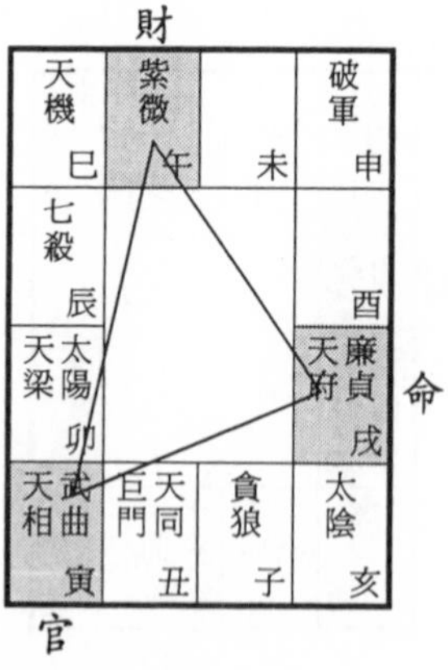

從廉府坐命者的『命、財、官』中，可以看到財星、財庫星、理財星、帝座全部到齊，只是計謀星廉貞居平差一點。但仍然是主富的格局。其人的田宅宮是天同、巨門俱陷落的格式，表示財庫由又笨又多是非的人看守，因此財庫是有漏洞的。真是『有財沒庫』了。因此投資房地產是會有是非麻煩的。

廉府坐命的者最適合投資項目：做高薪公務員走官貴之途，大企業中工作。投資政府公債。投資金融銀行股票。做外幣買賣操作。投資古董、珠寶、錢幣。投資銀行債券。

廉相坐命的人

廉貞、天相坐命的人，是廉貞囚星及官星和天相這顆會理財的星同坐命宮的人。而且天相是居廟位的，就像找了個會計師能手、將其囚在自己身旁為自己理財一般。廉貞又是官星為官祿主，天相又是印星。只要沒有擎羊星在命宮或遷移宮，就不會形成『刑囚夾印』的惡格了。

廉相坐命的人，其財帛宮為紫微、天府，有紫微帝座和財庫星在財帛宮，表示以最高的地位來掌握管理錢財，並快速將財富封箱入庫。

其人的官祿宮是武曲居廟，表示其人在事業上接觸的就是龐大的金錢。由廉相坐命者的『命、財、官』來看，財星、庫星、理財星都以居廟旺的姿態出現在『命、財、官』之中，紫微和廉貞又是雙重官星，故而此人對錢的敏感性高，賺錢的能力強，掌握錢及儲蓄的能力也很強，且是具有高地位來控制錢財，保有錢財的。

廉相坐命的人還有『武貪格』暴發運，在辰、戌年都會暴發，更增加了獲得大量財富的機會，因此是極富有的人。但是有庫星和理財星在『命、財、官』的人，多半都保守，因為保守才能儲蓄錢財。但是相對的便不敢多做投資。

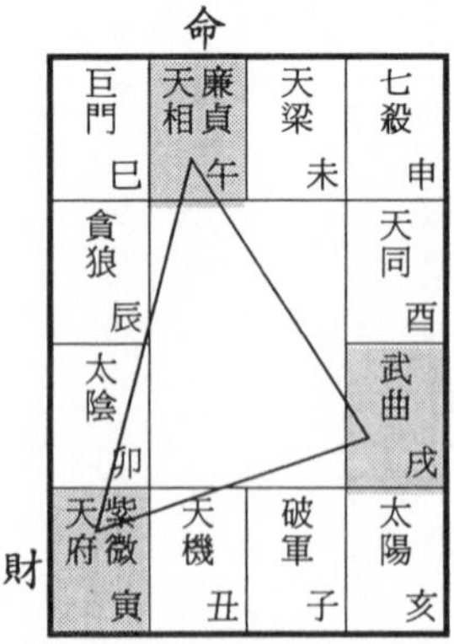

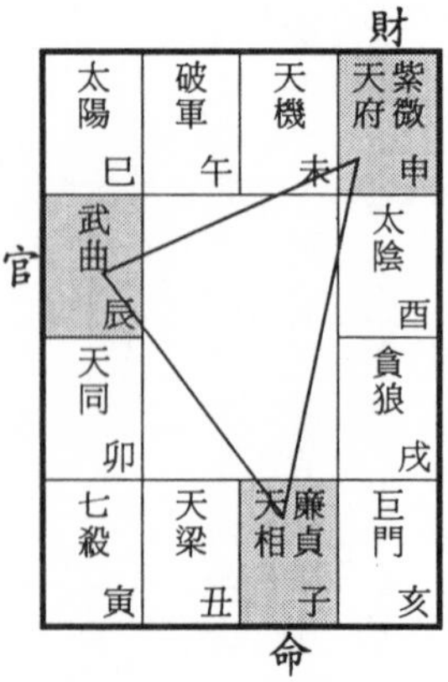

廉相坐命的人，基本上還是『機月同梁』格，也很容易形成『陽梁昌祿』格，再加上固定暴發的『武貪格』，有以上這三種格局共同在命局中出現的人，肯定是是第一等富有的人了，一生的成就也會很高。

廉相坐命者的田宅宮是天同居平，是先少後多，慢慢增加的趨勢，其速度是慢一點，但還算是穩定的財庫。因此做房地產的投資是還可以的。

廉相坐命者最適合投資項目：在公職或銀行中做高階主管，拿高薪。在大企業中做管理階級拿高薪。把錢存在銀行中生利息。買股票、期貨長期投資。買金融及政府債券。買外幣操作。買海外基金。在辰、戌年買彩券、馬票。買房地產作保值用。

廉殺坐命的人

廉貞、七殺坐命的人，是囚星和殺星同坐命宮的人。廉貞是囚星也是官星，但是居平位的，而七殺是殺星、大殺將，是居廟位的。這代表其人是靠自己的埋頭苦幹和等待一點機會去賺取金錢。其人財帛宮是紫微、貪狼。紫微是帝座，主平順，貪狼是好運星而居平，因此他們在錢財上是有一點好運，但是不強。其人的官祿官是武曲、破軍皆居平位。官祿官是賺錢能力的展現，有武破在官祿官中，除了做軍警職外，其他職位都是不高的，而且在賺錢能力上極差，有破耗出現。

由廉殺坐命者的『命、財、官』看來，是處於『殺、破、狼』的格局之上，而武曲財星和好運星皆居平位，極弱，官星紫微和廉貞，一旺一弱，再有的就是殺星和耗星（破軍）。在『命、財、官』中有煞星居多存在的人，當然也會影響到其人整個人生運程中得財的機會了。因此廉殺坐命的人，以平順富足的小康境界為人生之依歸。

廉殺坐命的人，財庫星在他們的遷移宮，也就是說他的外在環境就已經是個會理財、會封藏積蓄的世界了。所以廉殺坐命的人多

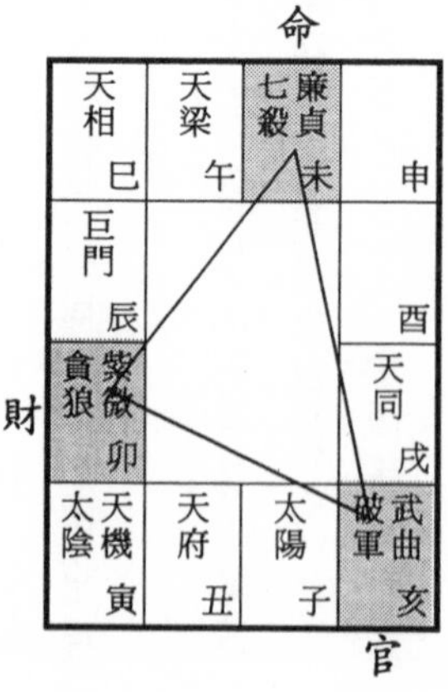

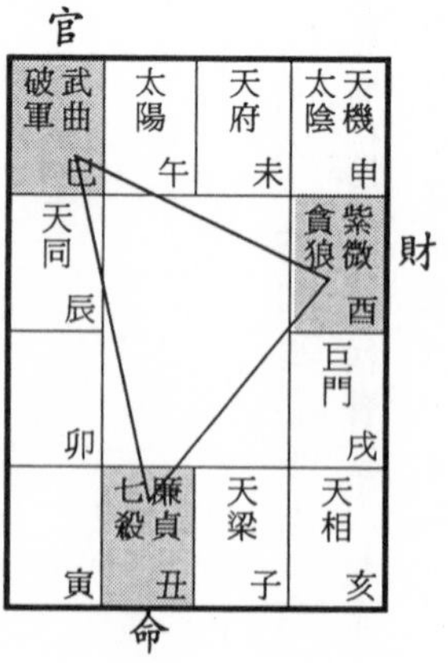

半是有錢而捨不得花的節儉族。其人的田宅宮是天同居平。財庫還算穩當，但房地產是慢慢增多的趨勢。

廉殺坐命者最適合投資的項目：做固定的薪水族，有『陽梁昌祿』格的人會得高職位，但一生以儲蓄為主，把錢放在銀行中生利息是最妥當的方法。買股票、彩券（必須命格中有『火貪』、『鈴貪』格的人較易有偏財運）買定期還本的壽險。買避險基金。買房地產以保值。做外幣存款。

廉破坐命的人

廉貞、破軍坐命的人，是囚星與耗星同坐命宮的人。廉貞、破軍雙星皆居平陷之位，將耗星囚於自己家裡，就好像家中養了敗家子，當然是破耗很多的了。

廉破坐命的人，其財帛宮是紫微、七殺。這是官星和殺星的組合。因此賺錢勢必辛苦。必須具有高地位，才能賺到錢。其官祿官是武曲、貪狼。雙星皆在廟位。表示在事業上，有關金錢的運氣非常好。破軍是爭戰掠奪的將軍，也是大殺將，他們很會賺錢，是靠爭戰掠奪所得來的錢財。並不是自己本命有財，或是對錢有敏感力能理財致富的，因此他們賺錢是很辛苦的。同時也不適合做生意或做投資生意上的事物，因為這終將是帶來敗局收場的結果的。

廉破坐命的人，是屬於『機月同梁』格的人，在『兄、疾、田』這一組三合宮位中成『機月同梁』格。再加上本命是耗星坐命，因此必須有固定的薪水做生活的支柱。所幸他們還有『武貪格』暴發運，可在丑、未年暴發偏財運得一些較大的財富。但是他們暴起暴落的速度很快，因此只有『機月同梁』格能支撐他們的生活。其人最適合的工作是軍警職和爭鬥性強的工作，才能賺到屬於自己的財。

廉破坐命的人，其田宅宮是天同、太陰。命坐酉宮的人，財庫較豐滿，因為田宅宮中

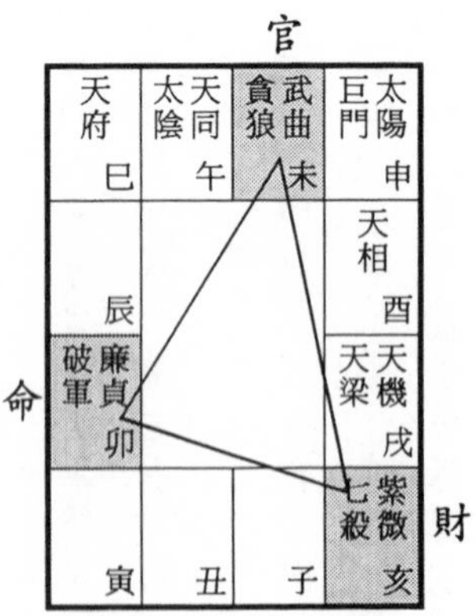

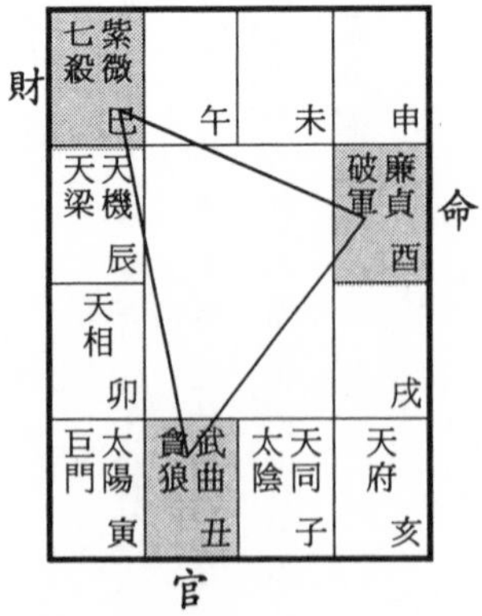

的天同、太陰都在廟旺之位，可以擁有祖產，和自置的許多房子。而命坐卯宮的人，田宅宮的天同、太陰在平陷之位，財庫空虛無錢。也不能保有房地產。所以命坐卯宮的人，是不能用房地產來保值錢財的。

廉破坐命的人，最適合投資項目：做固定的職業領薪水過日子。有多餘的錢財放在銀行中做定存。不可隨便欠債或刷信用卡。買避險基金。在丑、未年買股票、期貨、彩券。買定期還本的人壽險。命坐酉宮的人可買房地產保值，命坐卯宮的人，不可買房地產。

廉貪坐命的人

廉貞、貪狼坐命的人，是囚星與貪狼好運星同坐命宮的人。雙星皆居陷位。表示本命中把好運星囚禁起來了，好運星必須快速運動，向外尋找機會，若被囚起來，因此運氣就不會好。其人的財帛宮是紫微、破軍，雖然皆居廟旺之位。可是財帛宮中有耗星仍然是不吉的。有紫微帝座同宮，紫微只會努力使它趨於呈祥，但在辛苦勞碌之後，仍是會有破耗的。其人的官祿官是武曲、七殺。武曲財星是居平位，七殺是居旺的。表示其人賺錢能力是不強的，賺的錢少，而且必須辛苦打拚才能賺到足夠生活之需的財。由廉貪坐命者的『命、財、官』中，我們可以看出，只有一顆居平位的財星武曲，和一旺一陷的官星，再加上動盪不安的『殺、破、狼』格局。因此可以說這個人在賺錢的能力與運氣上都不算好。本命又缺乏財星。其人整體的命理格局中仍是以『機月同梁』格做為一個整體架構。因此此人是必須有固定薪水的工作，財運才能平順的人。

廉貪坐命者的田宅宮是天同、天梁。這是會先失去不動產後才再自己購置的財運，也代表其人的財庫必須是以極慢的速度，而漸漸增加的型式。因此若想買不動產來增值致富，可能要到中、晚年時期了。

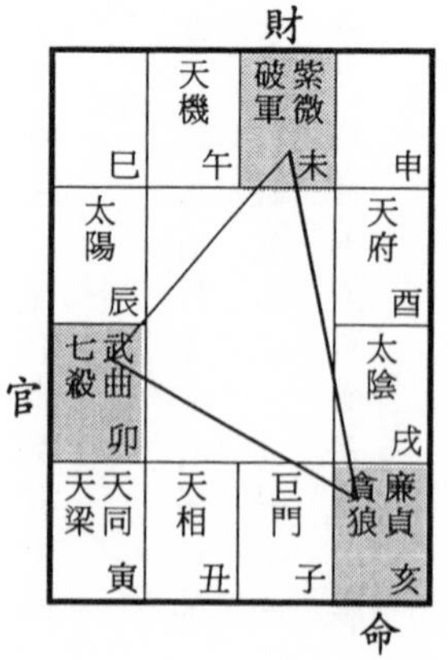

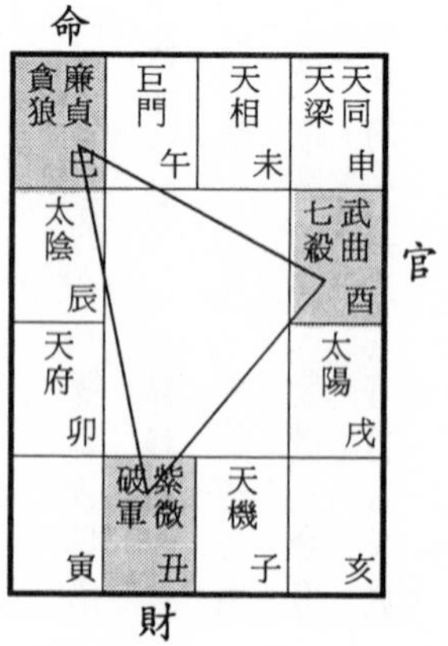

廉貪坐命的人最適合的投資項目：做軍警職、公職保有固定薪資，不適合做生意，或投資別人做生意。可把錢放在銀行中做定存。買定期還本的壽險。買長期投資的股票、債券。命格中有『火貪格』、『鈴貪格』的人，在巳、亥年可買彩券，和做短線交易的股票、期貨。其他的年份以固守為主。

空宮坐命有廉貪相照的人

空宮坐命有廉貞、貪狼相照的人。命宮為空宮中可能進入的星曜是文昌、文曲、左輔、右弼、祿存、陀羅、火星、鈴星、地劫、天空。而以陀羅坐命和地劫坐命的人最多。但是他們全都歸類於空宮坐命有廉貪相照的人。

空宮坐命有廉貪相照的人，其財帛宮為天相星，這是一顆善於理財的星。官祿宮是天府星，這是財庫星。空宮坐命有廉貞相照的人有兩種命格。一種是空宮坐命巳宮，在亥宮有廉貪相照的命格。一種是空宮坐命亥宮，在巳宮有廉貪相照的命格。以命坐巳宮有廉貪相照的人，財、官二宮之星皆在廟位和旺位，比較富有。而命坐亥宮有廉貪相照的人，財、官二宮的星皆在得地剛合格之位，財運較遜。

紫微格局看理財

空宮坐命有廉貪相照的人，從其『命、財、官』看來，雖然命宮是空宮不強，又有廉貪相照屬不吉，但是財、官二位皆是儲財之星。因此其人在賺錢能力與管理增財方面還是有不錯功力的。

空宮坐命有廉貪相照的人，也屬『機月同梁』格，必須是薪水階級才能儲財。倘若命宮的空宮中有火星、鈴星進入時，就是火星坐命和鈴星坐命的人，此人有暴發偏財運的機會。倘若火鈴在遷移宮中，也會在巳、亥年暴發偏財運，可多增財富。

空宮坐命有廉貪相照的人，其田宅宮是空宮，運不強，再有同梁相照。這也表示其財庫是經常空空如野的，必須多經努力才有財。若是甲年生或庚年生的人，田宅宮中有祿存，則適合買房地產儲值。田宅宮中若有

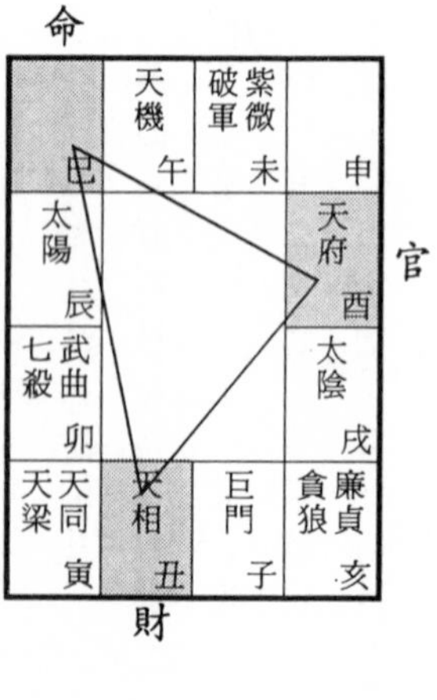

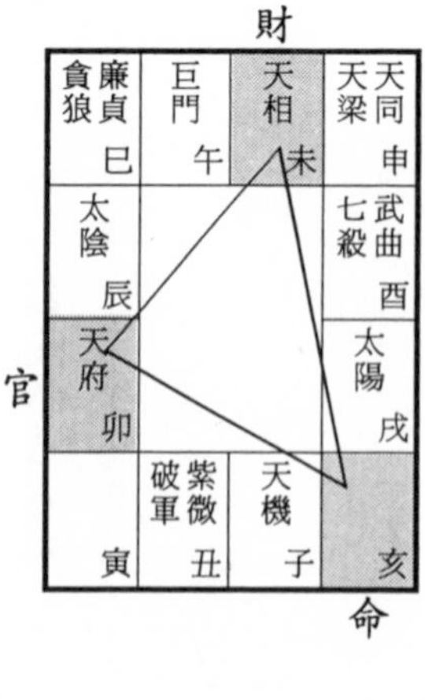

煞星或無星，則投資房地產必須小心，可能會失去不動產。

空宮坐命有廉貪相照的人最適合的投資項目：做競爭性強、穩定的職業以領取薪資。把錢存在銀行中。買避險基金。買定期還本之保險。有偏財運格的人在巳、亥年可買股票、彩券、期貨。

天府坐命的人

天府單星坐命的人，因命宮所在的位置不同而有六種不同坐命的格式。如天府坐命丑宮、天府坐命未宮、天府坐命卯宮、天府坐命酉宮、天府坐命巳宮、天府坐命亥宮等六種不同命格的人。

天府坐命丑、未宮的人，其命宮主星天府是居廟旺位置的。天府是財庫星、計較星，很會清點財物，凡事小心謹慎，處處算計，很會儲蓄。只要是錢財經過他的手上，便立刻入庫封藏，因此天府坐命的人，很像自成體系的小銀行，是只進不出的。

天府坐命的人，財帛宮都是空宮，因此只有靠福德宮相照過來的星和『命、官』二宮的星來比較財富了。財帛宮是空宮的人是表示其人的財運是不強的，也表示天府坐命的人很會數鈔票，也很會儲蓄，但賺錢的本領並不高。他們的官祿宮也一定是天相星，這也是一顆會理財的福星。天府坐命者的『命、財、官』中就有二顆會算計、會理財的星，因此就要看財的來源好不好了，才可以知道他們到底有沒有錢可去投資。

天府坐命丑、未宮的人，本命居廟，官祿宮的天相居得地之位剛合格，而相照為空宮的財帛宮的星是紫微、貪狼。這兩星都不是財星，而是紫微官星和平居位不強的貪狼好運星。因此由天府坐命丑、未宮的人的『命、財、官』就可看出，這個人的本命中並沒有財星。沒有財而強制要入庫、要理財、要計算、清點，這只能找機會去替別人理財了。

天府坐命丑、未宮

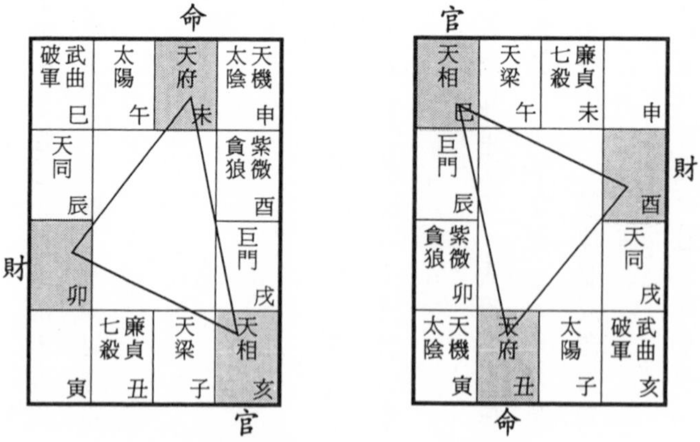

紫微格局看理財

事實上天府坐命的人命理格局上全是為別人理財的格局。命格也全是『機月同梁』格，是一個勤奮的薪水階級的上班族。有『陽梁昌祿』格的人，一生命格較高，財運較好，生活更舒適。有暴發運格的人，可多得錢財。

天府坐命丑、未宮的人，田宅宮是巨門陷落，表示和不動產有緣無份，並且因不動產而帶來糾紛、爭鬥很難停息。同時也表示財庫中只要有錢就有麻煩，是『財去人安樂』的形態，因此不可買不動產來保值。

天府坐命丑、未宮的人最適合投資項目：做公務員或大企業中上班領取月薪。買少額績優股票。買長期性金融債券。買政府發行之債券。買避險基金。買定期還本之壽險。不能買房地產投資，以免發生難纏之糾紛。

天府坐命卯、酉宮的人，也是財庫星坐命的人，但本命天府只在得地剛合格之位。其財帛宮是空宮，有廉貪相照，這是極差的財運了。縱使生於壬年有祿存在財帛宮中，所得之財也是只有養命過平常小老百姓生活的財，是談不上富有的。其官祿宮亦是天相居得地之位。在其人的『命、財、官』中也不見一個財星，只有庫星天府和理財星天相。這也是無財可理的現象。在此人的命局中仍以『申、子、辰』三宮形成『機月同梁』格，故以領月薪的上班族生活是最佳的賺錢模式。其人在賺錢的能力上是不足的。會理財、會儲蓄也沒有用，因無財可理，也沒有太多錢可儲存。所幸其人的田宅宮是巨門居旺，財庫可因長期的節儉生活，從不豐厚的薪資中孜孜不倦的儲存累積而漸漸變多。其人更可以購置很多不動產來儲值、保值。

天府坐命卯、酉宮的人最適合投資項目：

做領取月薪的上班族。把錢放在銀行中做定存生利息。買政府發行之公債。買長期性金融債券。買海外基金。買避險基金。買定期還本之保險。最佳投資保值的方法應該投資在房地產上，會愈來愈多。

天府坐命巳、亥宮的人，也是財庫星坐命的人。其財帛宮是空宮，有武曲、貪狼相照，雖然財帛宮是空宮財運不算強。但有武曲財星和貪狼好運星來相照，其財運要比其他天府坐命的人好得太多，因為他們至少在

天府坐命卯、酉宮

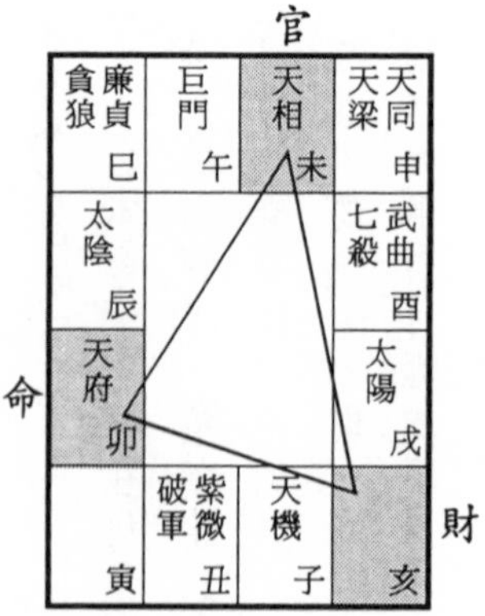

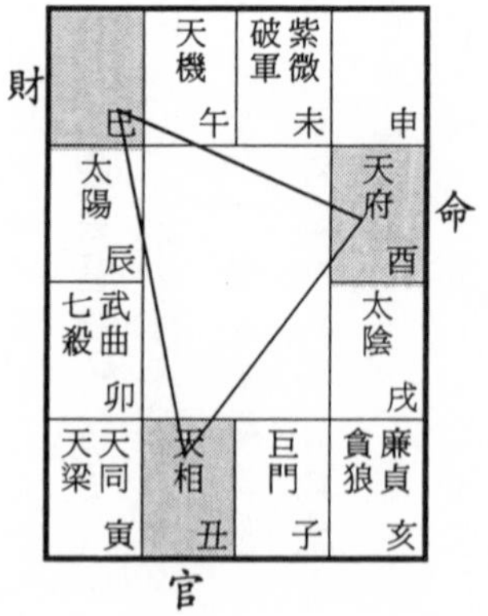

命格中是有點財運和機會的。況且相照的又是『武貪格』暴發運，除了壬年生的人和癸年生的人沒有暴發運之外，其他的人在財運上都擁有意外暴發的錢財，由其在丑、未年暴發得到更多。其人的官祿宮是天相陷落，賺錢能力不強。由天府坐命巳、亥宮的人的『命、財、官』看來，就知道此人的財運是源頭好，是暴發運、偏財運的源頭，因而此人的財運也會是大起大落型的。他們對錢財是稍具敏感力的人，但在賺取的能力上仍是不足的。

天府坐命巳、亥宮的人，仍然是『機月同梁』格的人，只是他們有暴發運格『武貪格』，因此運氣好一點罷了。是故仍要以領取月薪的上班族生活為主要重心。其人的田宅宮是太陽、巨門。天府坐命亥宮的人田宅

天府坐命巳、亥宮

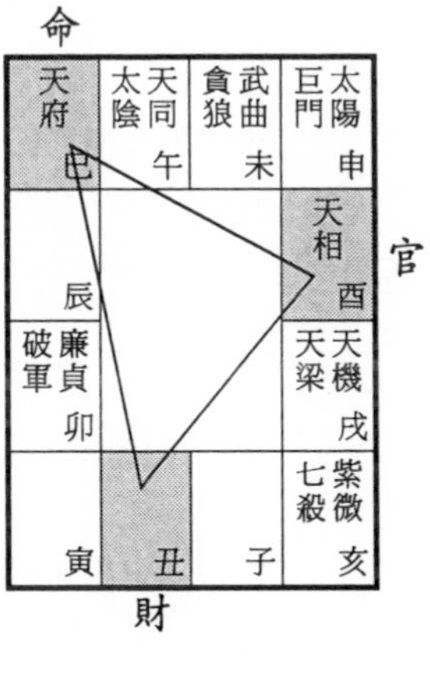

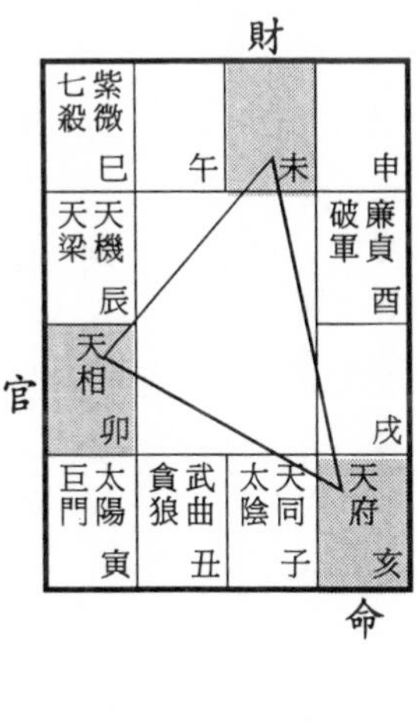

宮是太陽、巨門皆在廟旺之位的人，房地產會愈來愈多，是先無後有的趨勢。而天府坐命巳宮的人，田宅宮的太陽居得地之位、巨門居廟，房地產只有一棟，財庫也是較空的人。

天府坐命巳、亥宮的人最適合投資項目：做領月薪的上班族。在丑、未年投資股票、期貨、彩券。買避險基金。買定期還本之保險。坐命亥宮的人，可全力投資在房地產上面以保值錢財。命坐巳宮的人不可投資在房地產上，以免房業盡退。

太陰坐命的人

太陰坐命的人，依命宮所在宮位的不同，而有六種不同命格的人。如太陰坐命卯宮、太陰坐命酉宮、太陰坐命辰宮、太陰坐命戌宮、太陰坐命巳宮、太陰坐命亥宮六種坐命的人。

太陰坐命卯、酉宮的人，是陰財星坐命的人。一生的命格主陰藏儲蓄，同時也是『機月同梁』格的成員之一。

太陰坐命卯宮的人，命宮是居陷位的，而且也有『日月反背』的現象，其人在財帛宮中的太陽就是居陷位的。而官祿宮是天梁居旺。在其『命、財、官』中，命、財二宮都屬陷位，官祿宮天梁是蔭星，也不是財星。由此可見其人在賺錢能力和先天性對金錢的敏感力上，以及儲財能力上都是很差的。所幸他們的田宅宮是廉貞、天相。經過一輩子的長期陰藏儲蓄，在老年時可擁有房地產。可見他們的財庫仍然是不錯的。

太陰坐命酉宮的人，命宮是居旺的，其人財帛宮的太陽也是居旺的，再加上官祿宮的天梁也居旺。雖然『命、財、官』中，只有命宮一顆陰財星，但是一生較富足，當然他們也是『機月同梁』格的人，須有固定職業領月薪過做上班族的生活，但是他們一生所積蓄的錢財較多，再加上田宅宮是廉相，到老時可用來儲存保值的房地產也會較多。

太陰坐命卯、酉宮的人

（官：未；命：卯；財：亥）

巨門 巳	廉貞 天相 午	天梁 未	七殺 申
貪狼 辰			天同 酉
太陰 卯			武曲 戌
紫微 天府 寅	天機 丑	破軍 子	太陽 亥

（財：巳；命：酉；官：丑）

太陽 巳	破軍 午	天機 未	紫微 天府 申
武曲 辰			太陰 酉
天同 卯			貪狼 戌
七殺 寅	天梁 丑	廉貞 天相 子	巨門 亥

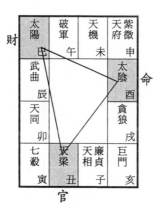

太陰坐命卯、酉宮的人最適合投資項目：

做拿月薪的上班族，確保生活平順。把錢存在銀行中。買定期還本之保險，不可投資房地產，恐有差池。坐命酉宮的人，要多買房地產來投資。在辰、戌年買股票、彩券做投資。買海外基金。買政府公債。買外幣做投資。

太陰坐命辰、戌宮的人，也是陰財星坐命的人。但坐命辰宮的人，因命宮中太陰居陷位，命格中且有『日月反背』的格局，財富較少。命坐戌宮的人，因本命居旺，命格中『日月皆旺』，故財富較豐腴。

太陰坐命辰、戌宮的人，以『命、財、官』就可看出他們全是『機月同梁』格的人。其人的財帛宮是天機星。官祿宮是天同、天梁，因此必是做領月薪的上班族無疑了。也

太陰坐命辰、戌宮的人

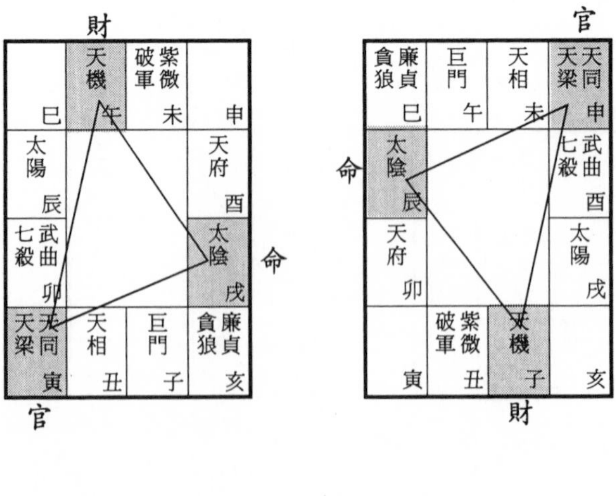

可以說這個命格的人是以慢慢儲蓄為主的命格，其本人的賺錢能力並不強。再由其田宅宮來看，得知其財庫是會理財的天相星。由此可見，慢慢儲蓄，房地產是會漸漸增多的。其人的財庫也是十分牢靠完善。

太陰坐命辰、戌宮的人最適合投資項目：

做領薪過日子的上班族。把錢放在銀行中做定存。買定期還本之保險。買避險基金。買房地產做保值之用。

太陰坐命巳、亥宮的人，同樣是陰財星坐命的人。須要靠儲存暗藏的方式來儲財。

太陰坐命巳宮的人，本命太陰是居陷的。也有『日月反背』的現象，其財帛宮是空宮，有同巨相照，官祿宮是居平的太陽和居得地剛合格的天梁星。在『命、財、官』中唯一的財星陷落了，其他是不主財的官星和蔭星，

太陰坐命巳、亥宮的人

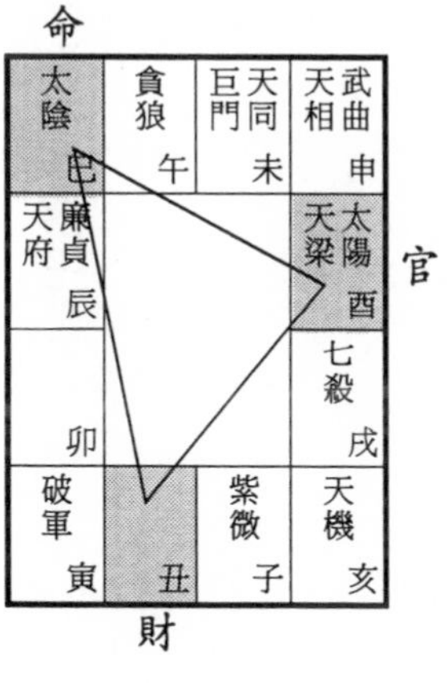

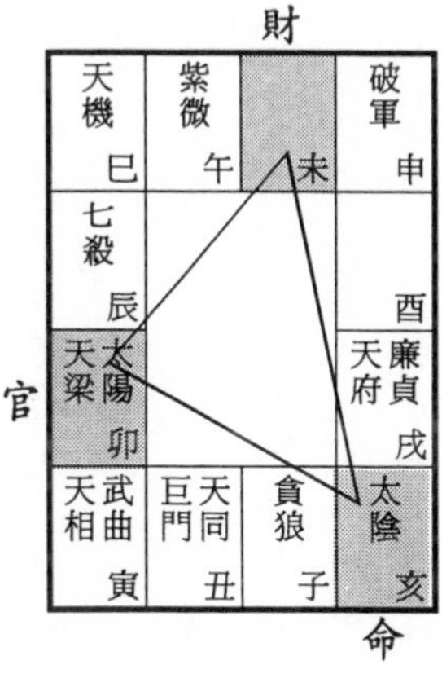

財帛宮又是空宮，相照的星又是極差的同巨，在錢財上的是非麻煩多，是不主財而財少的局面。所幸他們的田宅宮是武曲、天相可經辛苦努力，把錢財購置房地產而儲存起來，發展陰財星獨特的儲財方式。

太陰坐命亥宮的人，本命太陰是居旺的。雖然財帛宮依然是空宮，又有同巨相照，但是官祿宮是太陽、天梁皆居廟位，所以此人是以『貴』為主的命格。事業宮是官星和蔭星。以從公職和官途、學術研究為貴，也可多得財富。但同樣是以『機月同梁』格為主的人生。只不過他們較易形成『陽梁昌祿』格，可增加人生的層次。主貴以後薪資高了，也能儲蓄致富。其人的田宅宮又是武曲、天相，當然是財庫豐滿，房地產很多的人了。

太陰坐命巳、亥宮的人最適合投資項目：做公職或大企業上班族的薪水族。把錢放在銀行中做定存。投資房地產。買海外基金。

貪狼坐命的人

貪狼坐命的人，依命宮位置所在宮位的不同，而有六種不同命格的人。

如貪狼坐命子宮、貪狼坐命午宮、貪狼坐命寅宮、貪狼坐命申宮、貪狼坐命辰宮、貪狼坐命戌宮等六種命格的人。

貪狼坐命的人，全都是好運星坐命的人，一生中擁有無數的機會好運。不論命宮坐於那一宮，其財帛宮一定是破軍，其官祿宮一定是七殺星。因此貪狼坐命者的『命、財、官』肯定是坐在『殺、破、狼』格局上了。財帛宮有破軍星的人，當然是耗財多，又喜歡打拚的人，同樣也是賺得多也花得多的人，根本就不會理財，他們只是用拚命去賺的方式來抵制破耗罷了。同時他們對於談到錢財數字感到頭痛。如此的人當然也理財不好的。這是根本沒有理財觀念，對錢的敏感性也差。他們只是對好運的敏感性較強，並且可以把握住的命理格局。

貪狼坐命子、午宮的人，命宮中的貪狼好運星是居旺的，財帛宮中的破軍是居得地

貪狼坐命子、午宮的人

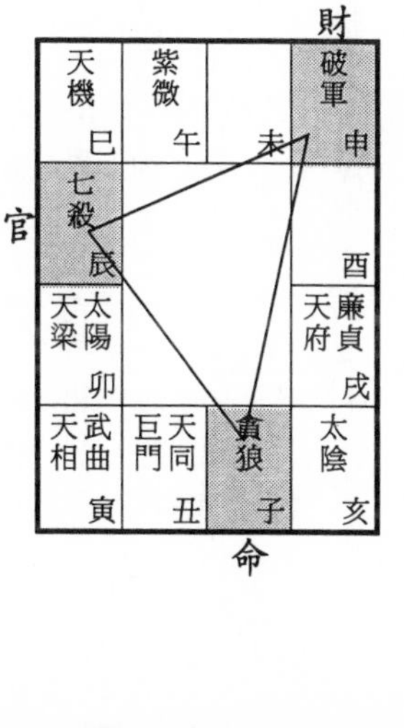

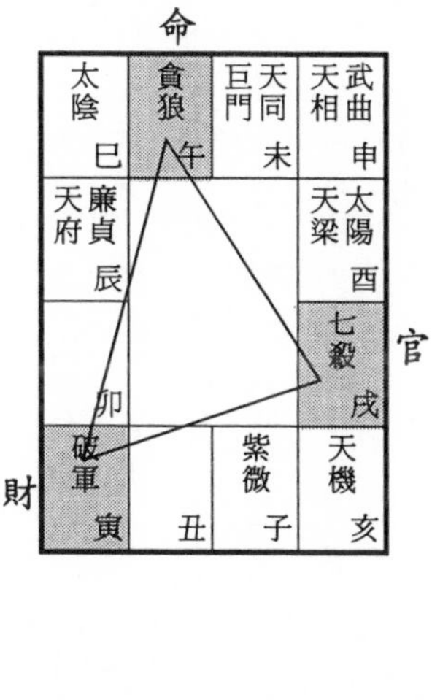

之位的。其官祿宮的七殺是居廟位的。『命、財、官』中有二個星是在廟旺之位的，賺錢的運氣算是不錯了。其田宅宮是太陽、天梁。表示可得祖產。命坐子宮的人，太陽、天梁皆居廟位，可得到的祖產很多。坐命午宮的人，田宅宮的太陽居平，天梁居得地之位，所得到的祖產少，而且逐漸會減少賣盡。這也就是說命坐子宮的人還有完善的財庫，父母、祖先就先放財富進入他的財庫中了。而命坐午宮的人，父母、祖先放入他財庫中的財富少，並且其人的財庫仍然有小漏洞，存不了財。因此房地產也留不住。

貪狼坐命的人都不會理財，但是他們有好運，因此可做短期性的金錢周轉策略，例如說：做股票、期貨買賣、做金融外幣操作，做海外基金操作等。用快速讓金錢流通的方式來理財，因此貪狼坐命的人的理財方式是和別人不一樣的。你們最好不要用定存和長期投資的方式來賺錢。因為你們的性格急，常常沒等到時候，就急著毀約把錢拿出來花掉了，不但賺不到利息，更賠上違約金，很划不來。

貪狼坐命子宮的人，還可以用投資房地產再轉賣，賺取差額圖利，貪狼坐命午宮的人，是不能投資房地產經營的。因為愈賣愈少，根本也賺不到錢。你們另外一種賺錢的方式就是買彩券、馬票，用賭博的方式也能賺到錢。

貪狼坐命寅、申宮的人，是本命好運星居平位的命格。這代表好運並不是很強，只有一丁點的好運而已。其財帛宮的破軍星和官祿宮的七殺星都是居旺的，因此是打拚努力的能力強，但運氣不算好，所賺得財也少了。再加上其人的田宅宮是天梁陷落，是無法得到祖產，只能靠自己打拚一生，至老年方可得一房地產的命格。財庫算不好的格式，是留不住財，也無財可進的財庫。所幸他們有很好的夫妻宮，配偶很有錢，會養他們。

貪狼坐命寅、申宮的人，本命是『機月同梁』格的人。本身對錢的敏感力差，運氣又不強，理財能力差，賺錢能力也差，因此是根本無錢來做理財投資的。他們在財運上一切靠配偶來搞定，若一定要投資，最好就是把錢放在銀行中做定存，或買定期還本的

貪狼坐命寅、申宮的人

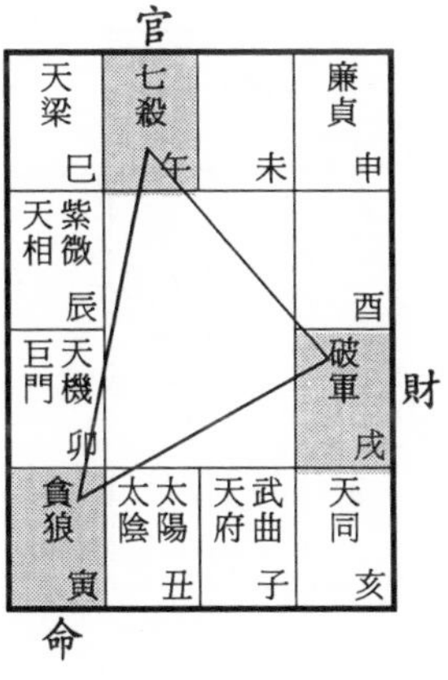

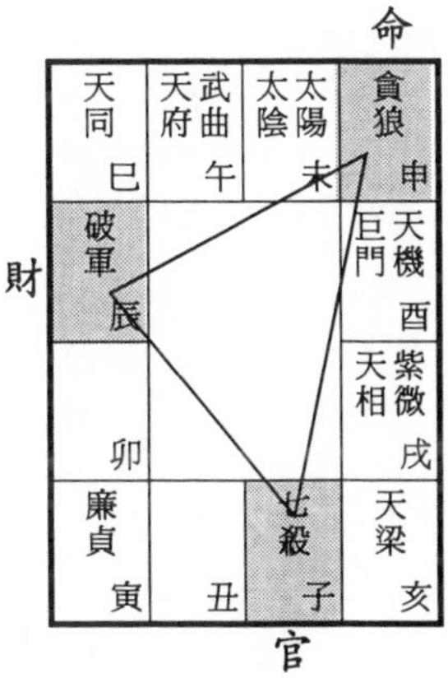

保險或買股票，但一定是無法有始有終，無法存留的。

貪狼坐命辰、戌宮的人，其本命好運星居廟位。其財帛宮和官祿宮的破軍和七殺星皆居廟位。也就是說其人的『命、財、官』和『殺、破、狼』格局全在廟旺之位。其人一生的成就會比較高，好運和賺錢的能力也比較強。再加上其人的田宅宮也是天梁居旺位的，不但會有眾多的祖產留給他，同時又是自置更旺的聚財命格。也就是說其人的財庫中本來就有祖先、父母留給他的財，自己更增加許多。財庫是豐滿而完善的型式。此人一生都會很富有。

貪狼坐命辰、戌宮的人，本命就是『武貪格』暴發運的人，對錢財具有無限的運氣。其人遷移宮中就是居廟位的武曲財星。在辰、

貪狼坐命辰、戌宮的人

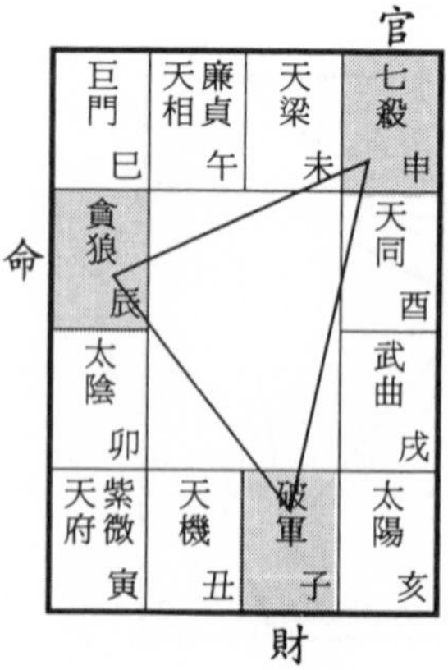

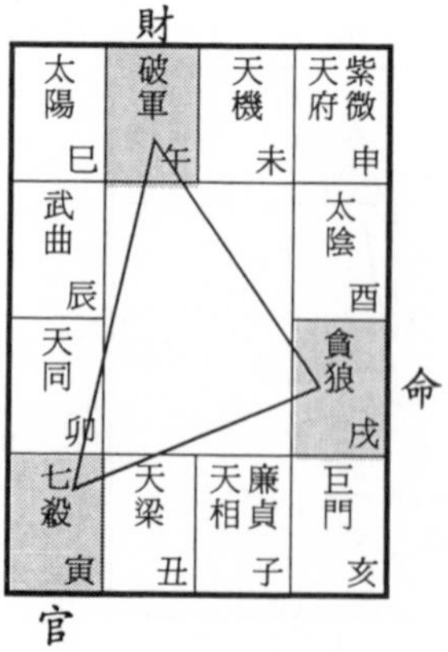

戊年會獲得更大更多的財富。

貪狼坐命辰、戌宮的人最適合投資項目：以股票、期貨、彩券、馬票為主，快速操作的方式，在辰年、戌年可賺取很多的錢財。買海外基金、買金融外幣做投資。買房地產做投資時，仍要注意最好由配偶或家人幫忙經營，以防有虧損。

巨門坐命的人

巨門坐命的人，依命宮位置不同而有六種不同命格的人。如巨門坐命子宮、巨門坐命午宮、巨門坐命辰宮、巨門坐命戌宮、巨門坐命巳宮、巨門坐命亥宮等六種不同命格的人。

巨門坐命子、午宮的人，其命宮主星巨門是居旺的。巨門是暗星，是『隔角煞』，因此不主財，而有是非口舌。可是可用口才來賺錢，某些人也會利用是非糾紛來賺錢，這就是他們特殊的賺錢方法了。

巨門坐命子、午宮的人，財帛宮是空宮，有同梁相照。官祿宮是太陽官星。在『命、財、官』中沒有一個財星。相照財帛宮的又是同梁，我們立刻可在此命格的人的命盤三合宮位中找到『機月同梁』格的格式（夫、遷、福）。因此巨門坐命子、午宮的人，是必須以薪水階級的財運來主宰人生的。

巨門坐命者的『命、財、官』中都不會有財星，也沒有庫星和會理財的天相星，因此其人是對金錢敏感力差，理財能力也不佳的人。

巨門坐命子、午宮的人，田宅宮是武曲、七殺。田宅宮雖有財星但居平，而且是『因財被劫』的格式，財庫是被劫財所破的格式，當然留不住財，也是不可投資房地產做儲蓄的原因。

巨門坐命子、午宮的人最適合投資項目：

巨門坐命子、午宮的人

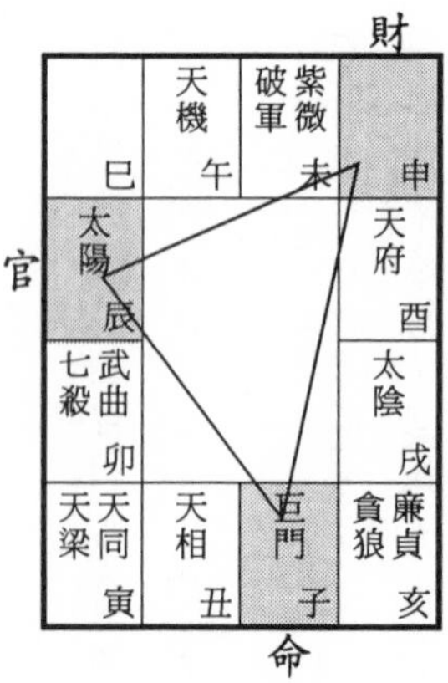

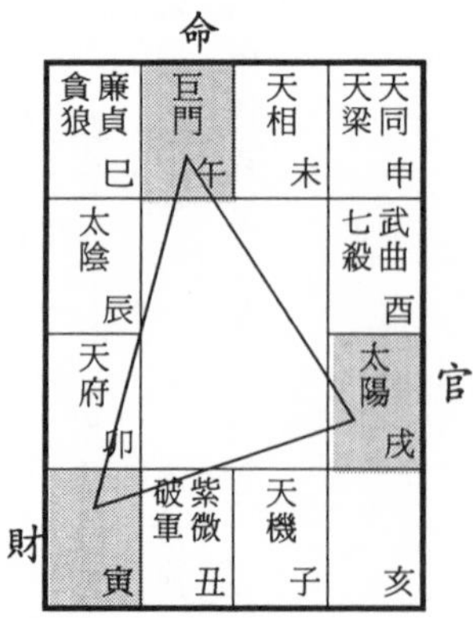

做有固定薪水之工作。把錢放在配偶處或銀行中做定存。買定期還本之保險。做口惠不實惠的投資。

巨門坐命辰、戌宮的人，本命巨門星居陷，一生是非口舌麻煩不斷。巨門是暗星和隔角煞，因此在財運的獲得上，本命中就缺少財。其人的財帛宮是太陽官星，其官祿宮是空宮，有天機、太陰相照。『命、財、官』中就缺少財。只有在夫妻宮有一丁點的太陰財星。其微弱的程度可想而知了。太陰是處在夫妻宮中，又和天機同宮，這丁點的財星又變化多端，其人一生的財運可想而知了。其田宅宮是廉貞、七殺，這是因受到祖產帶來的惡運，而對房地產感情趨淡的命格，因此財庫也是不好的。

巨門坐命辰、戌宮的人，在『夫、遷、

巨門坐命辰、戌宮的人

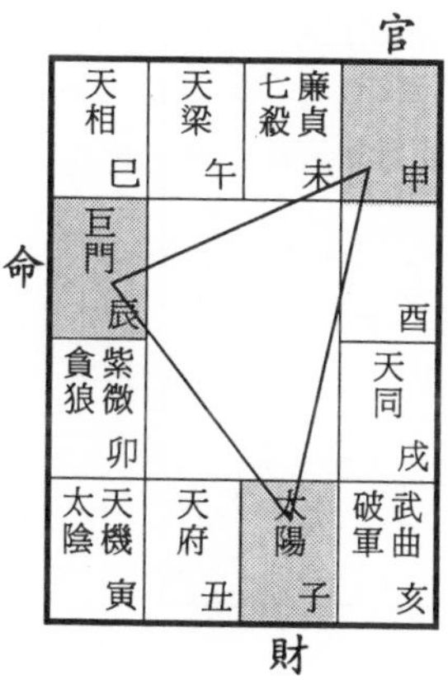

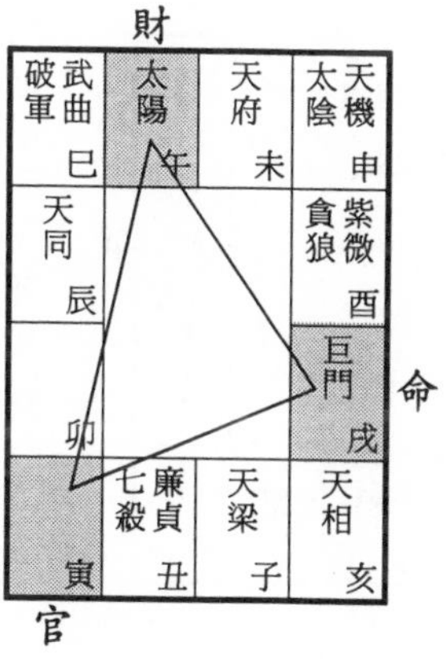

福』三合宮位中形成『機月同梁』格。因此做薪水族會有平順的生活。通常他們根本無錢來做投資理財。在他們一生中最大的投資，就是找一個能提供錢財養他們的配偶了。有了錢多的配偶，他們就會有錢投資了。

巨門坐命辰、戌宮最適合投資項目：做拿死薪水的上班族。找一個多金會養他們的配偶是此生最大最佳的投資。多餘的錢做銀行定存。買股票、期貨把錢敗光。

巨門坐命巳、亥宮的人，本命巨門是居旺位的。其財帛宮是天機陷落，其官祿宮是天同居平。『命、財、官』就是『機月同梁』格的格式。而且財、官二位皆居平陷之位，『命、財、官』中無一財星。只有靠固定薪資生活，才會平順了。其人的田宅宮是七殺居廟。此人可繼承祖先所留之房地產。但財庫

巨門坐命巳、亥宮的人

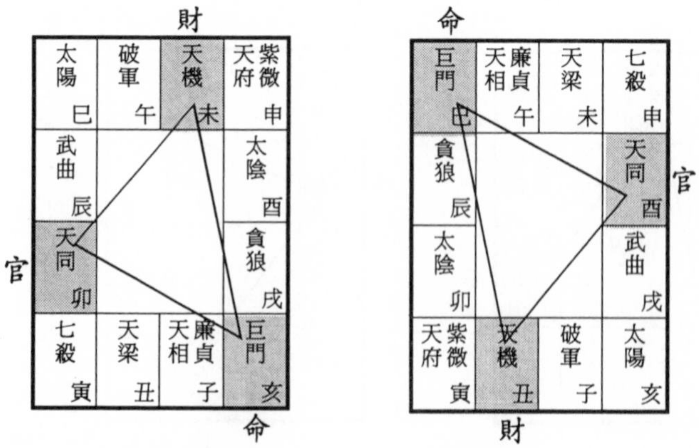

有殺星仍是不宜投資房地產的。

巨門坐命巳、亥宮的人，在辰、戌年有『武貪格』暴發運，可多得錢財。此命格的人若再有『陽梁昌祿』格的人，一生成就會比較高，財富也比較多，也較有餘力來投資了。

巨門坐命巳、亥宮的人最適合投資項目：做薪水族使生活平順。把錢放在銀行做定存。在辰、戌年買股票、期貨、彩券、馬票來投資。投資海外基金。投資避險基金。投資定期還本之保險。不適宜投資房地產。

天相坐命的人

天相坐命的人，依命宮所在位置不同，而有六種不同命格的人。如天相坐命丑宮、天相坐命未宮、天相坐命卯宮、天相坐命酉宮、天相坐命巳宮、天相坐命亥宮等六種命格的人。

天相坐命的人是勤勞福星坐命的人，他們會勤勞守本份，把自己周邊的事物、財物打理得很好，是一個極為謹慎、保守、守規矩的人，因此天相也是善於理財之星。

天相坐命者的財帛宮一定是天府財庫星，官祿宮一定也是空宮。這表示其人賺錢的本領是不強的，但是會勤勞守份、孜孜不倦的儲蓄，把錢財整理得很清楚的封藏入庫。本命中居廟位，財帛宮又有財庫星居旺的人，儲存財富就多一點，若再加上田宅宮（財庫）再好一點居旺的人，財富就更大更多了。本命居陷，財帛宮中的天府庫星又在得地之位，田宅宮是空宮，又有居陷的太陰財星相照的人，是一生財富較少的人。可是天相是福星，就算居陷位，仍是有福力存在的，一生手中可運用的錢財是不斷的，有固定的職業就不會餓飯，只是財庫中的錢少一點，又沒有餘存而已。

天相坐命丑、未宮的人，命宮坐在丑宮的人，是居廟位的，其財帛宮的天府星也是

天相坐命丑、未宮的人

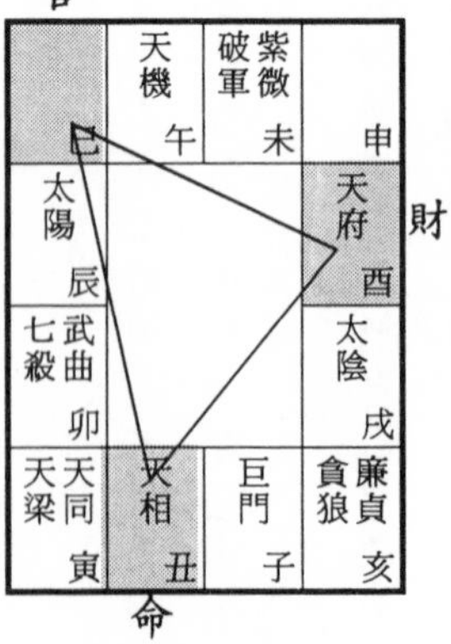

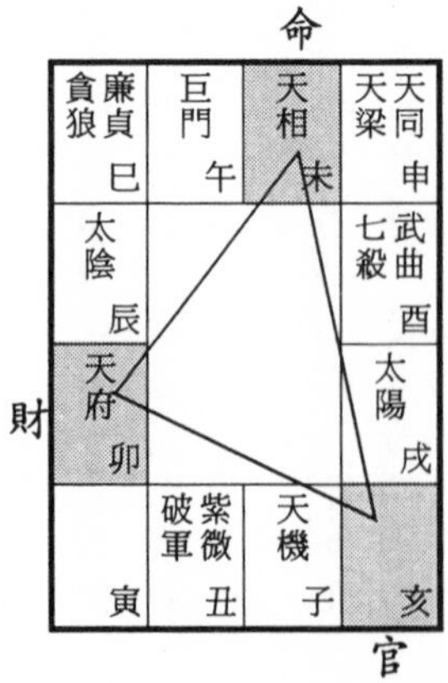

居旺的。官祿宮是空宮有廉貪相照。其人在工作賺錢上的能力很差，但是他們很會存錢，存了錢就買房地產。因此房地豐厚，且有祖產留給他們，因此財庫是豐滿而完善的格局。

天相坐命未宮的人，本命天相只居得地剛合格之位。其財帛宮也是得地剛合格之位。官祿宮亦是空宮，有廉貪相照的格式，因此他的賺錢能力不強，對錢也沒有敏感力，所能儲蓄的金錢，也就沒有命坐丑宮的人多。『命、財、官』都不強之故，再加上田宅宮的太陽星是陷落的，會退祖業，把祖產漸漸賣光減少。因此這個人的財庫有小破洞了，是不算好的財庫了，所能積存和理財的錢就比較少。

天相坐命丑、未宮的人最適合投資的項目：有固定領薪的職業。把錢存放銀行生利息。投資政府公債。買定期還本保險。命坐丑宮的人，可以買房地產做投資。命坐未宮的人則不行。

天相坐命卯、酉宮的人，其本命天相是居陷位的。福星居陷，故比較操勞。其財帛宮的天府星也只在得地之位，其官祿宮是空宮，有武貪相照。從其『命、財、官』來看，其人賺錢能力雖不是太好，但是仍然是兇中藏吉，擁有不少機會的。因為相照官祿宮的正是暴發運格『武貪格』。除了壬年生有武曲化忌的人以外，天相坐命卯、酉宮的人多少會在丑、未年暴發一些金錢上的好運的。

天相坐命卯、酉宮的人，田宅宮是空宮，有同陰相照，命坐卯宮的人，只要田宅宮沒有擎羊、火鈴、劫空進入，就會有很好的財庫，也可多儲蓄一些錢財，房地產也會多。命坐酉宮的人，因相照田宅宮的同陰居平陷之位，因此是沒有房地產，也不適合擁有房地產，同時也是財庫空虛的人。

天相坐命卯、酉宮的人最適合投資項目：

做一份安定領薪的工作。把錢存放在銀行做定存。買定期還本的保險。在丑、未年投資股票、期貨、彩券可發財。天相坐命卯宮的人可買房地產以增值。

天相坐命卯、酉宮的人

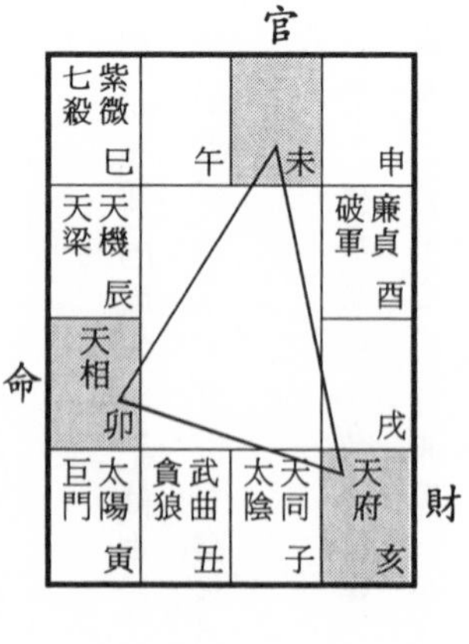

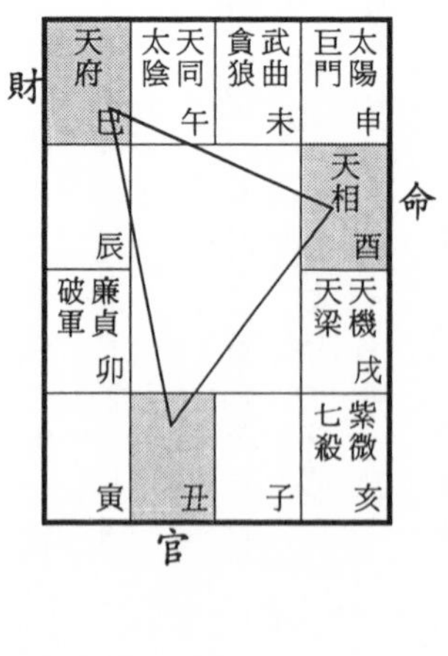

天相坐命巳、亥宮的人，本命天相是居得地剛合格之位。其財帛宮中的天府是居廟位的，官祿宮是空宮，有紫貪相照，這表示天相坐命巳、亥宮的人，在賺錢上的能力不是最強的，但運氣還不錯，倘若再有火星、鈴星在官祿宮或夫妻宮中，則會有『火貪格』、『鈴貪格』的暴發運。在卯、酉年可得意外之錢財。因為財帛宮的天府星是居廟位的，儲存能力就非常強了，計算和精明能力也很強。但是他們的田宅宮又是空宮，且有機陰相照。命坐巳宮的人，相照田宅宮的機陰雙星中太陰是居旺的。表示在模糊不清的財庫裡仍藏有財。

而天相坐命亥宮的人，田宅宮相照的機陰，太陰是居平位的，表示空茫的財庫中真的沒有什麼錢了。因此天相坐命巳宮的人還

天相坐命巳、亥宮的人

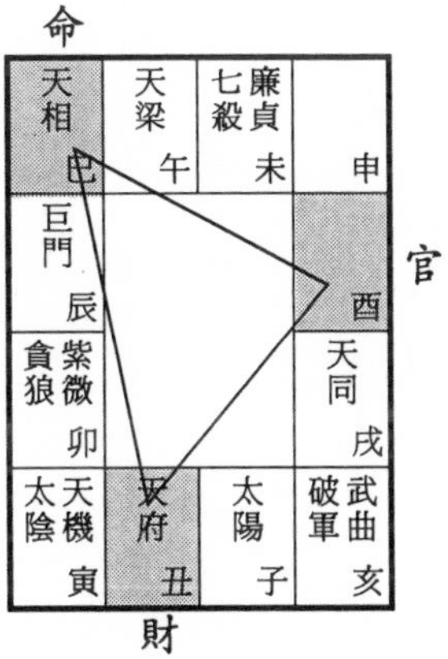

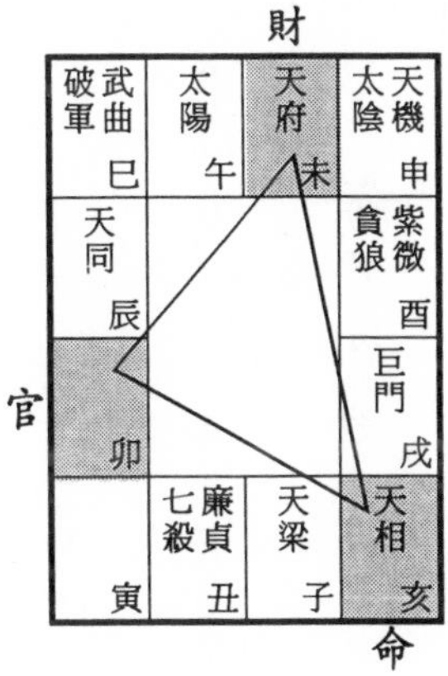

可以打拚買房地產來投資理財。而天相坐命亥宮的人，則完全沒有機會來投資房地產了，否則也會消失殆盡存不了財的。

天相坐命巳、亥宮的人最適合投資項目：做固定領薪的工作。把銀行放在銀行中做定存。買績優股票、彩券。買定期還本的保險。天相坐命巳宮的人，可投資房地產，但數量不多。天相坐命亥宮的人則不能投資房地產，以免有損耗。

天梁坐命的人

天梁單星坐命的人，會因命宮所在的位置不同而有六種不同坐命的人。如天梁坐命子宮、天梁坐命午宮、天梁坐命丑宮、天梁坐命未宮、天梁坐命巳宮、天梁坐命亥宮等六種不同命格的人。

天梁單星坐命的人，其人生的結構主要也是『機月同梁』格，因此必會是領薪水過日子的人。但是他們之中大多數人會有『陽梁昌祿』格，具有『陽梁昌祿』格的人，會以高學識、高地位得到較好的薪祿。其他的人也可能會有『火貪格』、『鈴貪格』，天梁坐命丑、未宮的人會有『武貪格』，這些暴發運格也會給天梁坐命的人帶來不同層次的暴發財富。但是最終天梁坐命的人仍是以薪水階級為人生財富最大的來源。

天梁坐命子、午宮的人，其命宮主星天梁星居廟位的。天梁是蔭星。是官貴之星，因此這個命格的人，肯定是會走做政府公務員起家的路線。其人的財帛宮是天機、太陰。官祿宮是天同。『命、財、官』就顯現出『機月同梁』格出來了，因此做薪水階級的人是肯定的了。

天梁坐命子宮的人，財帛宮的機陰二星中，太陰是居平位的，福德宮又是空宮，因此財的來源就空茫，財帛宮的太陰財星又居平陷之位，當然財少。天梁坐命午宮的人，財帛宮的太陰星是居旺的，因此在陰晴變化之後，仍是稍有餘潤，但還是一種緩慢而進，

天梁坐命子、午宮的人

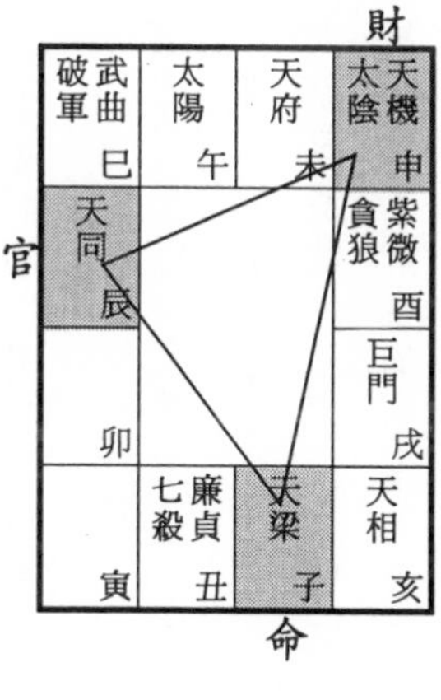

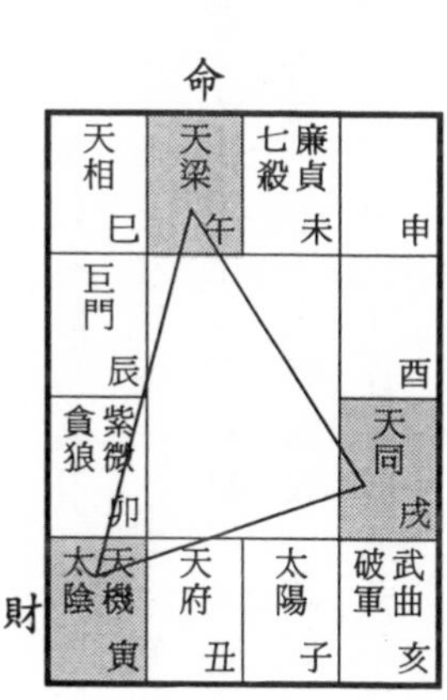

變化又多的財，並不是穩定的財。

天梁坐命子、午宮的人，官祿宮都是天同居平，只有財帛宮有一個太陰財星，且和天機同宮。因此其人在賺錢能力上並不強，在理財上，對金錢的敏感力上也不強，只沾了一點儲存錢財的邊罷了。再加上他們的田宅宮是空宮，有紫貪相照，這是一種雖有祖產可繼承，但自己看不上眼而沒有興趣的命格。同時也表示財庫是空虛無物的，與財的緣份也不大。因此其人是不適合買房地做投資工具的人。

天梁坐命子、午宮的人最適合投資項目：做政府公務員，走官途。把錢放在銀行中生利息。買海外基金。買古董、金幣、藝術品做投資。買避險基金。買定期還本的保險。

天梁坐命丑、未宮的人，其命宮主星是居旺位的。其財帛宮是太陰星。官祿宮是太陽星，在其人『命、財、官』之中，財星入財位，官星入官位，是非常好的格局。天梁坐命丑宮的人，財帛宮的太陰是居旺的。官祿宮的太陽星也是居旺的。因此整個『命、財、官』都是居旺位，一生的命程、運程都會較佳。並且他們又有『武貪格』暴發運，若再有『陽梁昌祿』格的人，就是官高財重的富人命格了，一生的成就極高。再加上其人的田宅宮是武曲財星，不但能得先祖產業，自己更能發揚光大購置更多。財庫有財星入坐，財庫當然是豐滿無虞而穩當的了。

天梁坐命未宮的人，財帛宮的太陰星是居陷位的，官祿宮的太陽也居陷，這是『日月反背』的格局，一生的運程、命程稍差一點，但是他們也有『武貪格』暴發運，會在辰、戌年暴發，而且田宅宮也是武曲財星。因此天梁坐命未宮的人，雖然一生中成就差一點，但財富還是不少的。

天梁坐命丑、未宮的人最適合投資項目：

做政府公務員、走官途。把錢財放在銀行中生利息。做股票、期貨操作。買彩券、馬票。投資房地產行業最能賺大錢。

天梁坐命巳、亥宮的人，其命宮中的天梁星是居陷位的。財帛宮是太陽、太陰。官

天梁坐命丑、未宮

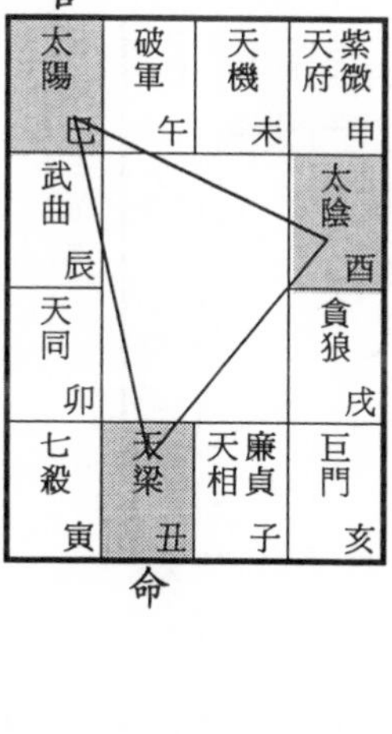

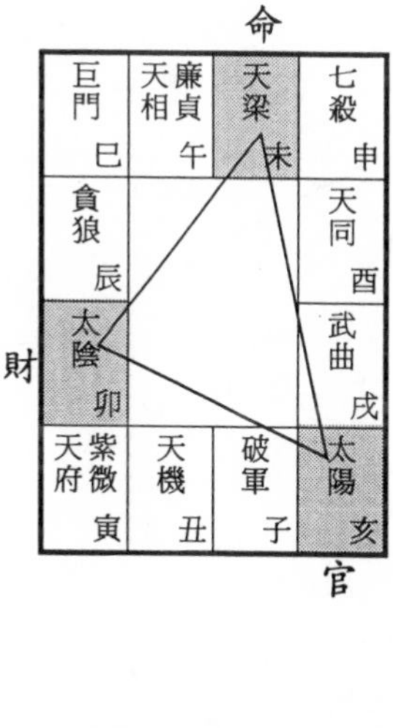

祿宮是空宮，有天機、巨門相照。由其『命、財、官』的格局中也可看出是『機月同梁』格，薪水階級的命格了。並且此命格的人，在『命、財、官』中就有命宮和財帛宮中有一星是陷落的，官祿宮又是空宮的局面，可見其人對錢財的敏感力、賺錢能力皆屬不強。

天梁坐命巳宮的人，財帛宮中的太陰星是居廟的，太陽居陷，可以說他們還有一點儲財的能力，但是財運陰暗不定，進財也是緩慢的形式。

天梁坐命亥宮的人，財帛宮中的太陽星是居得地之位，太陰是居陷位的，財運更不好，也不會儲蓄生財。這兩種命格的人，其田宅宮都是廉貞星，表示與不動產無緣，因此財庫也是破的了，也不可投資產地產，否則也無法留存。

天梁坐命巳、亥宮

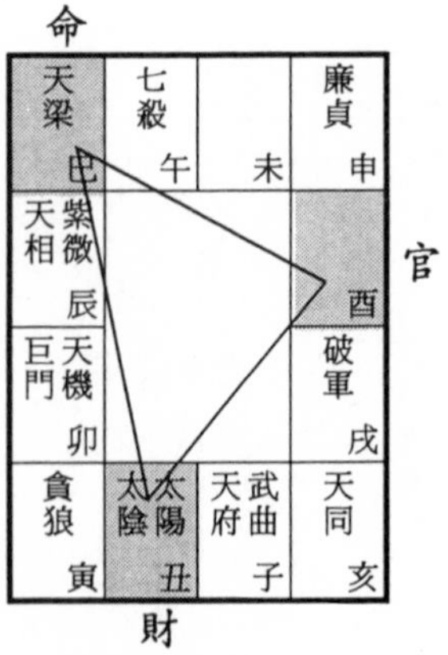

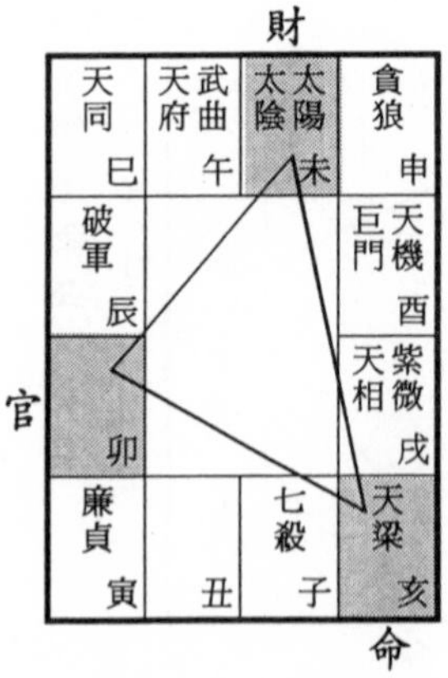

天梁坐命巳、亥宮的人的人最適合投資項目：找一份固定的工作領取月薪過生活。買定期還本的保險。把錢放在銀行中做定存。

七殺坐命的人

七殺單星坐命的人，依命宮所在位置的不同，會有六種命格的人。如七殺坐命子宮、七殺坐命午宮、七殺坐命寅宮、七殺坐命申宮、七殺坐命辰宮、七殺坐命戌宮等六種不同命格的人。

七殺坐命的人，財帛宮都是貪狼星，官祿宮都是破軍星。也就是『命、財、官』都坐在『殺、破、狼』格局上的人，其人的財富就要以『殺、破、狼』每一個星都要在廟旺為最富，更要以田宅宮的好壞為一個評量標準。財庫的完好無缺，是對整個命局財富做一個收藏結尾的蓋棺論定。因此田宅宮的好壞，也關係著人生整個財富的接收蓄藏及享受的程度了。

七殺坐命的人，基本上也算是『機月同梁』格的人。會做公職或薪水階級起家。但是某些人會因命格中有暴發運格產生，或因『陽梁昌祿』格不完整，而邁向其他的人生路程。因此也不一定全然是靠薪水階級的生活方式來生活的了。況且，七殺坐命的人，在錢財上都有極佳的好運。他們並不一定對金錢敏感，但是他們對好運機會敏感，又肯努力流血流汗來打拚，因此七殺坐命的人，大多數都是富有的人。

七殺坐命子、午宮的人，本命七殺星是居旺的。七殺是殺星，本命沒有財，必須向外求財。而此命格的人的財星就在遷移宮中。其遷移宮是武曲、天府，外面的環境中就有財星和財庫星同在。因此也造就了七殺坐命子、午宮的人的賺錢機會。

在七殺坐命子、午宮的人的『命、財、官』中，命宮和官祿宮都是居旺的。財帛宮中的貪狼是居平的。由此可見他們很會打拚賺錢，雖有一些運氣，但並不強。他們是用不斷的努力來達成賺取財富的目的。其田宅

七殺坐命子、午宮

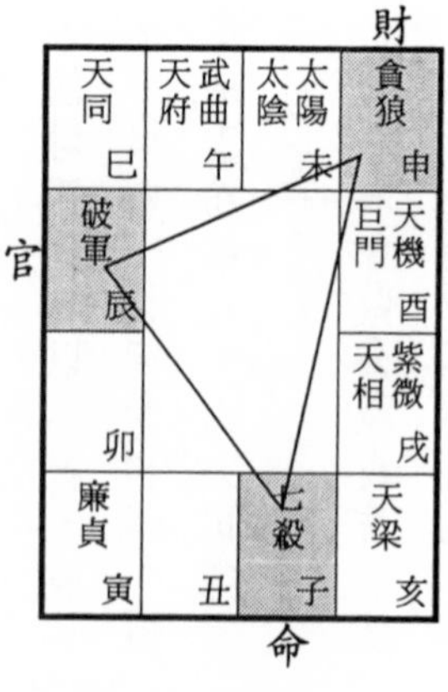

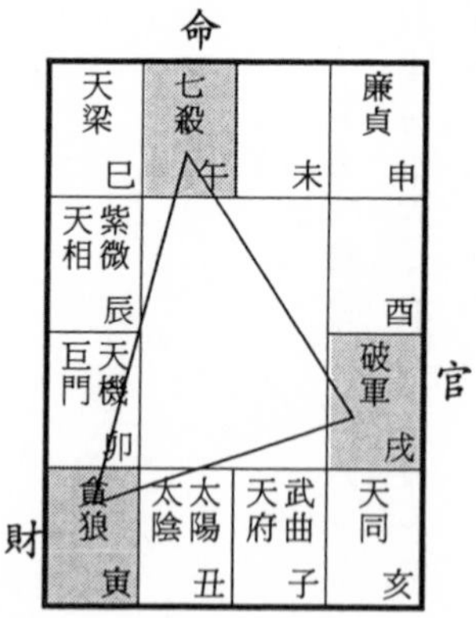

宮是空宮，有天機、巨門相照，這是會失去祖業而後再自置的狀況。七殺坐命子、午宮的人原本就是白手起家的人，幼年生活環境不佳，因此會有這種狀況。這也表示其人的財庫是原本空無而慢慢增加的狀況。

七殺坐命子、午宮的人，是一板一眼，穩重又努力打拚的人，基本命格也是『機月同梁』格的人。倘若命局中再有『陽梁昌祿』格的人，就會具有高學歷而發展大事業。但是剛開始工作時仍是以薪水階級的上班族開始起步的。

七殺坐命子、午宮的人最適合投資項目：做穩定的薪水族先聚集經驗和資金再慢慢發展。把錢存在銀行中做定存。投資海外基金。投資有潛力的五金、電器、電腦零件之工廠或是他們的股票。投資金融、金屬類的股票、期貨。買避險基金。買人壽保險。

七殺坐命寅、申宮的人，本命七殺是居廟位的，其財帛宮的貪狼星和官祿宮的破軍星都是居廟位的。可見其人的賺錢能力有多強了。尤其是他的財帛宮與福德宮這組星曜就是『武貪格』暴發運格。表示其人對好運能力的敏感性強，而且這個好運能力又是能暴發無數金錢的偏財運。這個能耐真是無人可比的了。

在七殺坐命寅、申宮的人的命理格局中，『機月同梁』格很弱，常被暴發運格和『陽梁昌祿』格蓋過去，再加上本命很強勢，因此七殺坐命寅、申宮的人是無法甘心做一般平凡領薪水的上班族的，他們一定會開創自己的事業而另謀發展。

七殺坐命寅宮的人，田宅宮是太陽居旺，會擁有祖產和自置的眾多不動產。其財庫是豐滿而完善的，一生的財富極大，因此適合投資房地產做投資。

七殺坐命申宮的人，田宅宮的太陽是居陷位的，表示起先會有許多不動產，但是會漸漸賣掉減少殆盡，因此財庫出現小洞，也不適合投資房地產，以免失誤。

七殺坐命寅、申宮的人最適合投資項目：

投資自己心中想開創的事業。在辰、戌年投

七殺坐命寅、申宮

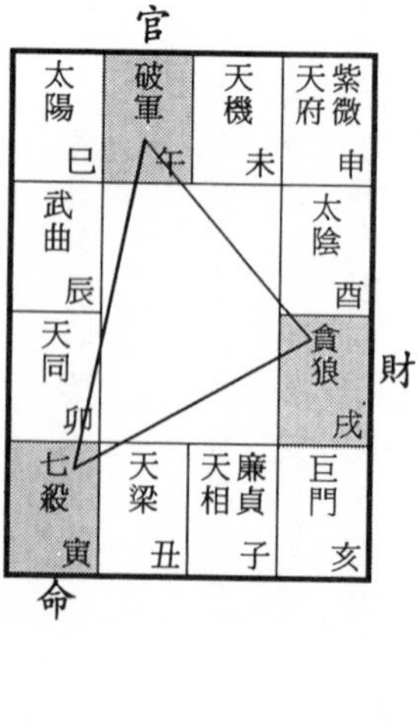

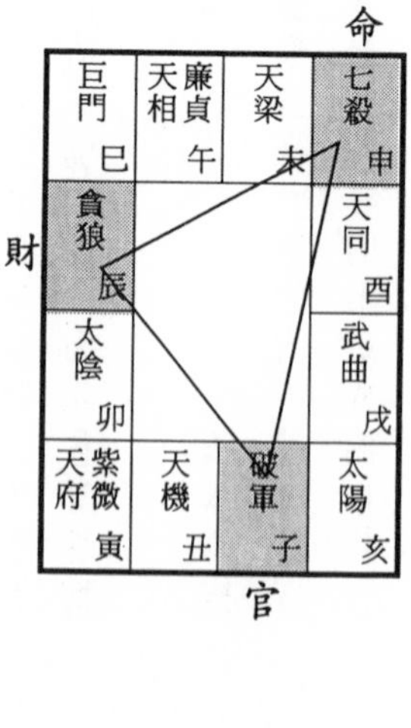

資股票、期貨、彩券等容易暴發財運的投資。投資海外基金。投資金融、電子、金屬製造、電腦等相關產業。投資外幣操作。投資海外股票。

七殺坐命辰、戌宮的人，本命七殺是居廟旺之位的。財帛宮的貪狼居旺，官祿宮的破軍在得地之位。由七殺坐命辰、戌宮的人的『命、財、官』看來，他們雖然打拚能力依然很強，運氣也十分好，但是賺錢能力就沒有前面幾種七殺坐命者的能耐強了。而且破耗會比較嚴重。此命格的人從小家庭環境差，會失去雙親或離開父母，人生比較坎坷。

七殺坐命辰、戌宮的人，基本命格是以『機月同梁』格為主體，以做薪水族較好。倘若命格中有『陽梁昌祿』格的人，會有大發展，財富也較多。其人的田宅宮是空宮，有

七殺坐命辰、戌宮

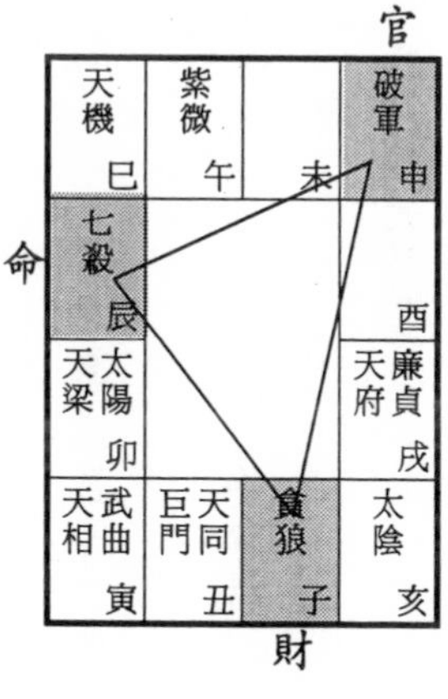

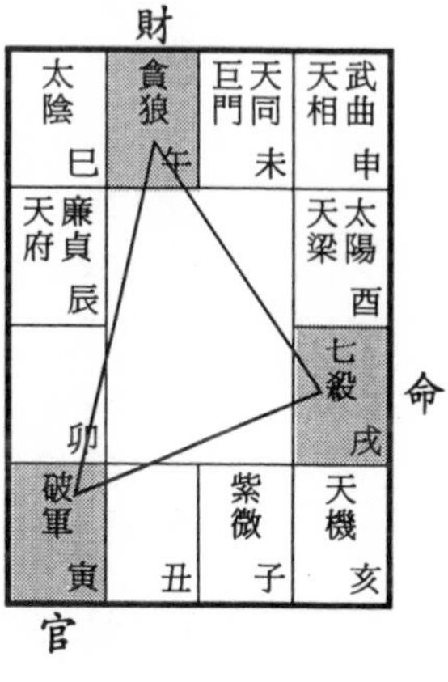

同巨相照，表示其人的財庫空茫也儲存不了什麼財。因此也不適合投資房地產來做保值用。

七殺坐命辰、戌宮的人最適合投資項目：做固定工作薪水族。把錢存放銀行生利息。買避險基金。買定期還本之保險。買海外基金。買績優股票。不適合投資房地產，否則會因是非麻煩而賣掉賠錢。

破軍坐命的人

破軍單星坐命的人，也有六種不同的命格，如破軍坐命子宮、破軍坐命午宮、破軍坐命寅宮、破軍坐命申宮、破軍坐命辰宮、破軍坐命戌宮等六種命格的人。

破軍坐命的人，是耗星與爭戰之星坐命的人。他們一生都勤於打拚奮鬥，勇於開創自己的人生，無奈破軍是耗星，一生成敗起伏不定，因此破軍坐命的人是不適合做生意的，最好是從軍警職、公職、有固定薪資的工作，甘於平淡才能平順。可是破軍坐命的人是不信邪的人，也從不相信別人，因此在他們的一生中永遠是處於開創的格局。

破軍坐命的人，財帛宮都是七殺星，官祿宮是貪狼星，『命、財、官』都在『殺、破、狼』格局上。其命中的財是需要爭鬥殺伐才能得到的財。他的好運星在事業上（官祿宮）不在錢財上（不在財帛宮），因此他們的賺錢能力是不足的，必須把事業做好了，才會有錢可進。

破軍坐命子、午宮的人，本命破軍是居廟位的，財帛宮的七殺和官祿宮的貪狼星也全是居廟位的。因此其人命格很強勢。

破軍坐命子、午宮的人，在官祿宮的貪狼和夫妻宮的武曲這一組相對照的星曜形成『武貪格』暴發運，可以在事業上暴發，同時也會給他帶來極大的富貴。此命格的人，因為暴發運在他們一生中佔有極大的影響力量，因此他們是不會輕易屈居薪水階級，一定會

破軍坐命子、午宮

巨門 巳	廉貞 天相 午	天梁 未	七殺 申（財）
貪狼 辰（官）			天同 酉
太陰 卯			武曲 戌
紫微 天府 寅	天機 丑	破軍 子（命）	太陽 亥

太陽 巳	破軍 午（命）	天機 未	紫微 天府 申
武曲 辰			太陰 酉
天同 卯			貪狼 戌（官）
七殺 寅（財）	天梁 丑	廉貞 天相 子	巨門 亥

開創自己的事業，另外去尋找發展自己的財富的。

破軍坐命子宮的人，田宅宮是太陰陷落。表示其人沒有不動產或不動產太少了還沒賺進來。也表示其人的財庫是阮囊羞澀的，根本沒財。因此不適合投資房地產，否則遲早也會消失殆盡。

破軍坐命午宮的人，田宅宮的太陰居旺。太陰是陰財星，主田宅。居旺時，房地產很多，這也是財庫豐滿完善的寫照。同時也適合投資房地產，以增富。

破軍坐命子、午宮的人最適合投資項目：投資發展自己的事業，但不適合做生意，否則必有敗局。投資與軍警機關、政治圈有關、運輸業、貿易業、推銷業、航海業、冷凍業有關的公司股份做股東，不要做老闆、董事長。因為破軍坐命的人在錢財上都有疏失，因此不適合做老闆。投資股票、期貨、債券，以及類似銀行貼現業務。買彩券投資。破軍坐命午宮的人適合投資房地產。破軍坐命子宮的人不適合投資房地產。

破軍坐命寅、申宮的人，其本命破軍在得地之位。其財帛宮的七殺星和官祿宮的貪狼星都在廟旺之位。因此他是本命中破耗多一點的人。此命格的人若在子、午宮有火星、鈴星出現，和貪狼同宮或相照，則具有偏財運格，在事業上可發跡，也能一時富有。倘若有文昌、文曲和破軍同宮坐命或是相照命宮的人，則一生貧困無財，生活只求平順即可。

破軍坐命寅、申宮的人，是個喜歡享福的人，遷移宮有武曲、天相，財星和理財星都在其人的外在環境之中。福德宮是廉貞、天府。天府庫星又存在於福德宮，因此在心態上喜歡物質享受，在打拚賺錢能力上就差一點了，消耗就多一點了。

破軍坐命寅宮的人，其田宅宮是太陰居陷，表示財庫是財少的狀況，也不能投資房地產，以免有差池。破軍坐命申宮的人，田宅宮是太陰居旺，太陰即是田宅主，又有陰藏的財，表示其人可以儲蓄生財，投資房地產是很合適的了。

破軍坐命寅、申宮的人最適合投資項目：

破軍坐命寅、申宮

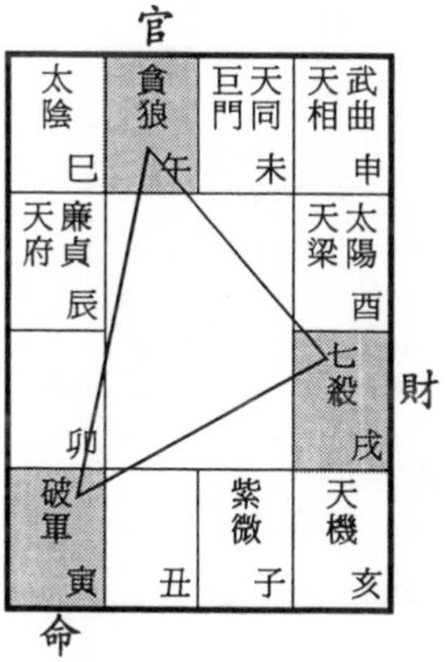

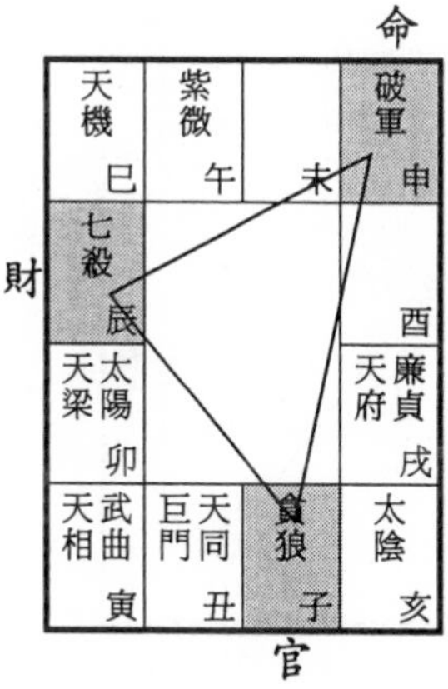

做薪水族固定工作。把錢存在銀行中做定存。做定期定額的儲蓄。買定期還本的保險。有偏財運的人在子、午年可做股票、期貨、彩券投資。坐命申宮的人可投資房地產。

破軍坐命辰、戌宮的人，本命破軍是居旺的。其財帛宮的七殺也是居旺的，只有官祿宮的貪狼星是居平位的。故而其『命、財、官』中以事業上的運氣較弱，賺錢能力不很強。

破軍坐命辰、戌宮的人，遷移宮是紫微、天相。因此他的生長環境很好，其福德宮是武曲、天府，福德宮又與財帛宮相照，財星和財庫星全在福德宮，表示這個人財的來源很好。但是他們愛享受的人，破耗是依然存在的。

破軍坐命辰、戌宮的人，命格結構仍然

破軍坐命辰、戌宮

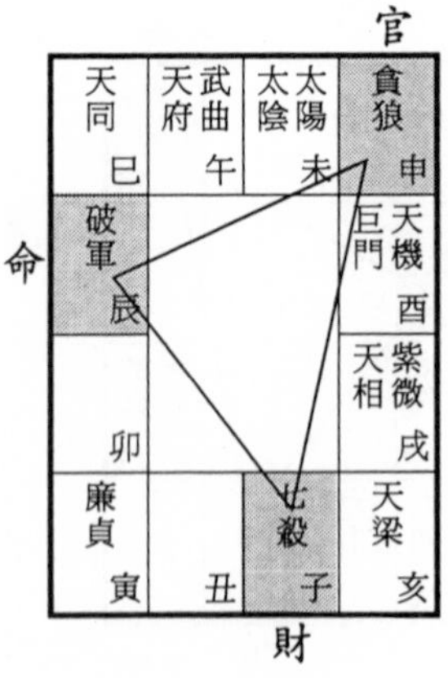

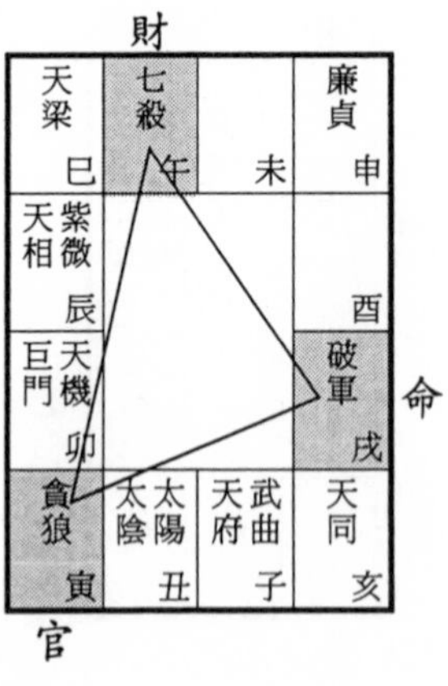

是以『機月同梁』格為主體，最好從公職、具有高地位、高薪的工作，生活會很舒適，仍然是不適合做生意上的投資，以免有破耗產生。其田宅宮是太陽、太陰。命坐戌宮的人，較多房地產，但有進退消長之勢。命坐辰宮的人，有少許不值錢的祖產，財庫也少，貧乏，不適合投資房地產。

破軍坐命辰、戌宮的人最適合投資項目：做高職高薪的公務員，投資海外基金。投資航海、運輸、海產、電子等股票，並做短線交易為佳。命坐戌宮的人可稍做房地產之投資。投資外幣買賣，賺取匯率差額。

文昌、文曲、左輔、右弼、天魁、天鉞、祿存、擎羊、陀羅、火星、鈴星、地劫、天空坐命的人

文昌、文曲、左輔、右弼、天魁、天鉞、祿存、擎羊、陀羅、火星、鈴星、地劫、天空，上述這些星曜坐命的人，全屬空宮坐命的人，要觀看其投資理財的格局時，應先看命宮對宮（遷移宮）中是什麼星再找本書前面有『空宮坐命的人』的部份觀看即可。例如：陀羅坐命申宮，對宮有同梁相照的人，就請看『空宮坐命有同梁相照的人』的部份，其人的『命、財、官』和

命理、財勢格局便可一目瞭然了。

觀看『人生藏寶圖』後的結論

儲蓄乃致富之本

從前面各個命格『命、財、官』的分析中，我們可以發現到很多問題。譬如說，絕大多數的人都是屬於『機月同梁』格的命格模式，是必須做薪水階級賺取薪資，以為賺錢的方式的。某些人有『陽梁昌祿』格，只不過提升了薪水增多和地位增高，或在公教機關服務。但仍是以薪水制度在賺錢。某些人則因為具有『武貪格』或其他的暴發運格而改變了人生方向，走向生意經營之途。但有暴發運的人也並不全然是會做生意的，還是有許多人做薪水階級。這就是要看此人的命格中，那一種格局較強勢而定了。也就是說在人的命格中『機月同梁』格強勢的，其人縱然有暴發運，『陽梁昌祿』格，其人還是會走以薪水為賺錢方式的路途。就像天機坐命的人、太陰坐命的人、天同坐命的人、天梁坐命的人、太陽坐命的人皆是。

命格中暴發運強勢的人，則不一定會甘於平淡的薪水族生活了，例如武曲坐命的人、貪狼坐命的人、武貪坐命的人、七殺坐命的人等等，這些人比較會受暴發運的催促，而走向做生意賺錢之路。

另外，在前面的分析中，我對於那些在錢財方面收入較不好的人或耗財多的人所提供的投資方法中，總是希望他們能固守本業。用最基本的方式去為人服務，賺取自己可以投資的本錢。事實上固守本業也是一種投資行為。命格中四平八穩的有『機月同梁』格的人，是必須堅守崗位來做到這一點，才會在財運上有餘潤再來談其他的投資的。

命格中既是薪水階級，但在錢財上較緊迫的人，我建議他要做定期還本的保險，這一方面是在儲蓄，另一方面在身體上有健康問題時，也會得到保障。這是未雨籌謀的辦法。經常錢財緊迫的人，最好在偶而有餘錢時，不要亂投資，有時候他們會想買股票，做做期貨，以小搏大的來大賺一票，有這種投機心態的人，也常常是自食惡果的人，往往賠了錢，等到財運緊縮時，就更形困難了。所以我建議這些人應把錢放在銀行中做中短期定存。以便窮的時候可以自助救急。

我們也經常可以看到那些耗財多的人，賺錢不是很多的人，偶而財運好了一點，有錢進賬時，便看不上眼銀行中微薄的利息，硬是要拿去買賺錢快速的股票、期貨，或借給別人放高利貸。其實大家都心知肚明，賺錢快速的投資，必然是風險很大的，而最容易賠本的就是小戶投資人了。可是這些人是勸也勸不聽的，他們總是說：『你怎麼知道我會賠本？說不定我會賺錢呢？』這就是心態的問題了。這也是預期心理往往不等於實際狀況的因素所造成的幻想症。

有一位廉破坐命的朋友來找我幫他看看何時會賺錢。我問他說：『還在做軍警職嗎？』他說：『早退役了！現在正在做生意，因為一直做不好賠了一些錢，現在來看看還有什麼機會？何時才會有錢？』

『你根本不該做生意！做生意也不容易賺到錢！』我說。

『別人都可以做生意，為什麼我不能做生意？我有什麼不會做？又不會比別人笨！』他滿臉不服氣的神色。

這並不是笨不笨的問題，而是對錢的敏感度的問題，這是天生直覺的感覺，不是學習就可以學得到的，就像財星坐命的人，對錢的敏感度很敏銳，下意識裡他就知道錢該如何去賺，該到哪裡去賺，要如何賺，就會有多少錢？他們在幼年時代就會觀察注意這些事項，也會知道如何省錢，如何聚集錢，如何減少消耗使錢增多，這些問題經過長期的自我訓練，到了成年期的時候，自然得心應手的運用，財富就自然多了。

而對錢沒有敏感度的人，從一開始他就不會關心賺錢的問題，幼年時期賺錢是父母、別人的事。家裡面窮的，就跟著過窮生活，家裡面富的，就跟著過富生活。縱使家中窮到要小孩出去打零工賺錢，此人也是聽天由命式的賺多少，花多少。到成年時依然沒學到儲蓄、聚集錢財的本領的。

命宮中有破軍星的人，都是耗星坐命的人，也就是破耗、花錢較多的人。當然不會理財，又浪費的人，也不光是破軍坐命的人。就像太陽坐命、貪狼坐命的人、天機坐命、天梁坐命、巨門坐命的人，都不見得會理財，就連武貪坐命的人，是會賺錢，但是也不會理財，這些人的問題就在於破耗大於進賺，手頭較鬆，沒有控制的方法所致，因此也沒辦法儲存，因此這些人是不適合做生意的人。

有偏財運格的人，也不是全然適合投資生意的。做生意不但是要靠運氣，也要靠技術。偏財運有暴起暴落的特性。你難道沒有看到很多生意人也有大起落又歸於平寂的狀況。因此要保有一世的富貴，這個人肯定是在經營財富上有獨特的見解與技巧的。縱然命好，含著金湯匙出生的人，在成年以後的人生中，仍是要靠自己的經營，才能一直享受富貴，否則家業敗光，又如何再稱做好命人呢？

其實我在分析每一個命格中，讀者一定也會發現到，那些真正能儲存財富的人，實際上差不多都是屬於『機月同梁』格的人，並且具有穩定的薪水收入。也就是說實際上有暴發運格的人並不一定會有錢。而真正有錢的人，卻肯定是會積存錢財、儲蓄的人，才能致富。有時候暴發運只是帶給人一時的好處，多生了財。暴發運是一種助力，真正想富有，仍是要靠我們找到減少消耗的方法，努力於儲蓄的技巧，這才是為富之道。

第二章 從命理結構著手來理財

由命理格局的強弱來看財運的方法

紫微命理的架構，起自於每個人命盤中紫微星落座的宮位，這也形成十二個不同的命盤格式。而每個人命理的架構，當然就源自於『命、財、官』三宮的結構體了。這個結構體實際上已主宰了人一生中百分之七十以上的財富和命運。剩下的百分之三十，則由其他宮位的星曜，或其他因素如流年運程等主宰。

如何來看命理格局的結構？這並不是說什麼坐命就肯定是好的、富有的，一生成就就會好的、享福的。什麼坐命的人就會一生困苦的。這完全是不一定的。就像紫微坐命的人，生在壬年有武曲化忌在財帛宮的人，也常是金錢運不順的人。因此光看命宮主星是不準的。

要看命理格局的強弱，首重『命、財、官』三宮位，其次是『夫、遷、福』三個宮位。因為有些空宮坐命的人，就需要看遷移宮中有什麼星會相照命宮。也因為遷移宮（外在的環境）是對人有重大影響的。再其次則是『兄、疾、田』三宮位，這是屬於儲存及補充力量的結構。最後才是『父、子、僕』三宮位，這是傳承和支撐力量的結構。

『命、財、官』是每個人命理結構的首要主腦架構。因此我們在看命理格局的強弱時，是最先討論這個三合宮位的吉凶。在『命、財、官』中，又以命宮為最主要決定命理、命運的宮位，其次才是財帛宮、官祿宮，依次排列重要性。

財星居旺加化祿、化權入命宮是主富的強勢命格

命宮中的星曜必須居旺，最好是有財星居旺入座，是在財富上較強勢的命格。命宮中倘若有化祿、化權進入，則更增命格的強勢結構了。要講富有，命宮中最好是財星居旺化祿，例如武曲化祿、太陰化祿居旺等坐命的人。其次是財星居旺化權，如武曲化權、太陰居旺化權坐命的人，是可以掌握控制

多得財富的人。

再其次就是命宮有運星貪狼居旺化祿的人，在錢財上有無限好運，也主富。至於另一個運星天機星居旺化祿時，因為天機好動，又不主財，主變化，經營財富不喜歡有太多的變化，因此天機居旺化祿在命宮的人，財就比其他主富的人財少了。但是他們依然有豐腴的生活。但層次是不高的。

再其次是福星化祿在命宮的人。這指的是命宮中有天同居廟化祿的人，這是一種天生得到的福祿，不會有競爭，也不會遭到別人的嫉妒排斥，相反的會得到別人安排好的財富給他。這是天生好命的結構。有這種好命的人通常在事業上也能掌握好的機會，因為事業宮有居旺的天機化權和居廟位的巨門。也就是說命宮是天同居廟化祿的人，在工作事業上是競爭激烈、高智慧多險惡的環境，但是他就會具有足夠的智慧來掌握變化而致勝。同時在天同居廟化祿的人的命宮或遷移宮也會出現祿存星，形成雙祿格局，如此的人，真是沒有不富的了。

再其次就是有官星化祿在命宮的人，如太陽居旺化祿、廉貞居廟化祿、天梁居廟化祿等等。官星是不主財的，主權力欲望和地位提升、主名聲，名和利雖是相隨的，但是以名為主的利總是慢一點和少一點的，因此官星遇化祿時的財富，是不夠強大的。再則像廉貞化祿，主的是精神上的享受，廉貞又帶桃花，也可能是艷遇之類的福份，只會對人緣關係有幫助，在財的成份少，因此縱使有廉貞居廟化祿在命宮中的人，也不能以大富著稱。但是此人因福德宮是破軍化權，事業宮有武曲化科和天府，一生操勞，對賺錢不遺餘力，財富仍是不少的。

還有像天梁化祿在命宮的人，天梁不主財，也不喜歡與化祿同宮，會給自己帶來困擾，也會因擁有意外之財而成為包袱，給自己帶來是非麻煩。並且天梁化祿的人在思想上常有肥己之心，僕役宮不好，是武曲化忌和破軍，常會因有點意外之財而遭人勒索。並且其人的財富也不會很大的。

因此在官星化祿中還是以太陽居旺化祿比較好，因為他們同時還會具有武曲化權在命局中，倘若是太陽化祿坐命巳宮的人，武曲化權是居廟位的，又是『武貪格』暴發運的格式，那此人一生的財富真是夠富的了。倘若有太陽居旺化祿在命宮，而命局中武曲化權居平，則只有一般稍富的命格了。

最後是巨門暗星和破軍耗星遇化祿在命宮的人。巨門和破軍最好是遇化權在命宮比較有力量。巨門化祿和破軍化祿皆不主財，錢財不易久存，而且破耗較多。倘若是巨門居旺化權在命宮的人反而是可利用口才之利，而掌權得到高的地位，間接再得到財利。有破軍居旺化權在命宮的人也一樣。有領導力和打拚奮鬥的衝動力量，事業較會得到大成就。而有破軍化祿在命宮的人，雖然可進一些財，但其人性格衝動，而且一生運程變化性大，在錢財處理上缺少智慧和遠見，理財技術不佳，仍然是不可做生意從商，只可在公家機關中工作，或做一般的薪水族，生活是小康狀態，談不上富有的格局的。

命宮居平陷之位而有化祿、化權時的格局強弱

命宮居平位或陷位而有化祿及化權時，會比一般命宮居平或居陷位的人命理格局強一點。通常命宮居平或居陷又有化祿的人，會比較圓滑一點，在人緣關係上好一點。財也會稍微多一點點。

例如有武曲化祿和破軍在命宮的人，就比一般武破坐命的人圓滑，人緣好，在事業宮有貪狼化權和居旺的紫微星同宮，他們的官運就很好，而且最適合在軍警職中做軍需和財務有關的工作，而在私下裡他仍然不可自己經營生意，只能為國家服務做公職，幫人理財。

倘若命宮是武曲和破軍化祿同宮的人，則不一樣了，他在官祿宮會出現

貪狼化忌和紫微同宮，事業上的運氣就沒那麼好了，事業到一個中等的程度就會停止。同時命宮裡破軍化祿所帶來的一丁點財祿卻擋不住破耗。這個命格和一般武破坐命的人相較之下，反而沒有那麼好了。

總之，財星居平陷之位加化祿，如武曲居平化祿（武殺、武破）和太陰居陷化祿，還是會帶一點財的，算是會進財的星。天同居平化祿（單星時）、天同居陷化祿（同巨同宮時），太陽居陷化祿，多少會帶一點財，只是成份非常低而已。貪狼居陷化祿，人緣會稍好一點，財的成份更少。其他如廉貞居陷化祿、天機居陷化祿、巨門居陷化祿、天梁居陷化祿、破軍居陷化祿等等，化祿星真是虛有其表了，財的成份真是極低，只能在人緣上做一種潤滑劑的功能了。當然命格的強弱也可以分得出來了。

命宮居陷又有化權星在命宮的人，是十分固執，愛做主掌權，但又耗財，做不好主的人。因為他們太頑固、愛面子，自己不懂也不肯承認，也不肯聽勸告，有就是錯也要錯到底的精神，因此有這個命格的人，總是多嚐失敗苦果，耗財比較嚴重。

有位建設公司的老闆娘來為其夫算命。這位老闆是武曲化科、破軍化權在命宮的人。老闆娘是天府坐命的人，精於理財，並親自管理建設公司的財務。老闆娘很忿忿的說：『很奇怪呢！一個堂堂建設公司的大老闆居然建材商送建材來，一點都不殺價，別人要多少就給多少，這種方式哪裡是真正做生意的方式？公司要現金周轉，他也絲毫不操心，讓我一個人張羅，真是氣死了！要跟他離婚，他也不肯離。』

武曲化科、破軍化權坐命的人，天生就是對金錢沒有敏感性的人，而且化權跟隨著的主星是破軍，當然在破耗的方面多一點，武曲居平有化科也是無力的。因此這個命格的重點就在破耗和打拚上，是愈打拚、愈想做事、破耗愈多的人。雖然他的財帛宮有廉貞化祿和七殺，是一種做事辛苦而賺錢少的格局。廉貞化祿所主的財太少之故。不過這個老闆倒是相貌堂堂，長相帥氣英俊的人。因為有武曲化科在命宮，但性格海派，不拘小節，也不重錢財，非常愛面子，只要別人幾句泰承話，便什麼也不計較了。當然殺價和離婚都是失面子的事，他是死也不肯改，也不肯離婚的了。而且他有大男人主義的氣魄，自己說了就算，是根本不肯聽別人勸告的。這種人根本不適合做老闆，只會把錢敗光。只適合在軍警單位工作。因此用協商的方法，把公司負責人的名字改成老闆娘的名字，再多去承包一些軍警單位的建設工程來由這位老闆負責。老闆娘在費用支出方面盯緊一點，耗財的狀況就不會那麼嚴重，也可以多賺錢財了。

此外破軍居陷化權還有和廉貞化祿同宮的命格，這是甲年生廉破坐命的人。乙年生有天梁居陷坐命巳、亥宮的人。丙年生有天機居陷化權坐命，於丑、未、巳、亥宮的人。丁年生的同巨坐命者，命宮中天同居陷化權加上巨門居陷化忌。戊年生太陰居陷化權坐命於卯、辰、巳宮。其中太陰居陷化權坐命巳宮的人，對宮還有天機化忌相照。己年生廉貞加貪狼居陷坐命的人。庚年生武曲居平化權加七殺坐命的人和武曲居平化權加破軍坐命的人。辛年生有太陽居陷化權坐命於戊、亥、子宮的人。癸年生天同、巨門居陷化權坐命的人。這些人在性格上都比較頑固、自私、霸道、能力不強，而重視自己的權力範圍，喜歡當家做主，是賺錢能力差，又耗財的人。在命格中雖然有化權，但命格並不高，也無法有成就，只不過形成顢頇自大的行為，容易敗事罷了。

財帛宮中有化祿和化權星的格局強弱

財帛宮的星曜代表手中可流通運用的錢財，福德宮代表是財的來源。我們在命理上可以發現到一個必然性。就是財帛宮旺的時候，例如有財星居旺，或更加化祿星形成極旺的命格，其福德宮中一定是操勞不斷，而且是動得很厲害的星曜。另一種就是有耗星在財帛宮時，其福德宮就一定會有穩定的勤勞的福星天相來幫助完成這個破耗。

前一個必然性的問題，例如財帛宮是武曲居廟的紫府坐命者，其福德宮就是貪狼星。倘若有武曲化祿在財帛宮時，必會有貪狼化權在福德宮，這是己年生的人，也天下第一等有錢財上好運的人，不但財富多，再加上不斷好運的爆發，更助長了財運的擴大和命格的強勢。貪狼就是顆動得很快，又貪得無厭，好運不斷的星，若再加化權，其勢更強，就由於這些因素，才共同產生了極富的命格。

又例如財帛宮是太陰居廟的陽梁坐命者，其福德宮就是天機陷落。天機是動星，落陷時動得更厲害，操勞得更凶。倘若有太陰化祿在財帛宮時，會有天機化科在福德宮，幫助賺錢、儲蓄的技巧，做事更有方法，但是勞碌辛苦就是必然的事了。因此財帛宮好的人，也必然是辛勤努力的人，自然在命理格局上也帶來強勢了。

第二種必然性的問題，例如財帛宮是破軍的人，必然是貪狼坐命的人。就像貪狼坐命於辰宮或戌宮的人，福德宮是廉相，貪狼坐命子、午宮的人，福德宮是武相。貪狼坐命寅、申宮的人，福德宮是紫相。

又好像財帛宮是廉破的武貪坐命者，福德宮是天相居陷。又財帛宮是紫破的廉貪坐命者，福德宮是天相居廟。

財帛宮有破軍星，會依其強弱，來看賺錢的力量，也可依其強弱來斷定破耗的程度，而賺錢的能力恰恰好和耗財的多寡是成反比的。就像武貪坐命的人，是很操勞的人（福德宮是天相陷落），很會賺錢，在錢財上擁有好運，但是他們破耗比較大（財帛宮的廉破居平陷之位）。而廉貪坐命者，本命中沒有財，智慧和好運都很弱，財帛宮是紫破，破耗就沒有武貪坐命的人那麼大了。這是原先就沒有那麼多錢來讓他耗財，其福德宮是天相居廟，表示其人愛享福，賺錢打拚的能力沒那麼強，心態上只求安穩過日子而已。同時他們也會用自己覺得很享福不辛苦的方法來找到自己的財。因此我們也可發覺到福德宮愈好的人，愈穩定的人有天同居廟、天相居廟，天府、天梁居廟、居旺的人，其愛享福的程度過高，而賺錢打拚的能力就愈差，所得的財祿，也就不行了。也因此福德宮愈好的人，在命理格局上反而成了積弱的力量。

財帛宮有財星化祿時

財帛宮有化祿星時，當然以財星居旺化祿為最有力，就像前面舉例的紫府坐命者生於己年，有武曲化祿在財帛宮的命格，同時相照的有貪狼化權，形成極強的暴發財運的命格，顯然是在事業和金錢上有重大收獲、特等主富的人了。當然他們也是對金錢具有特種敏感性，金錢運又特佳的人，這種天賦異稟，也造就了他們的財富，此外同梁坐命寅宮的人，生於丁年，有太陰化祿在財帛宮，有天同化權在命宮，有天機化科在官祿宮，『命、財、官』三宮都是『科、權、祿』，也是在工作上有表現，算是會賺錢、存錢的人。這個人的『命、財、官』是『機月同梁』格，其人也主富，但其形態和大小，則和前面紫府坐命又生於戊年的人，則無法相比。這主要是因為太陰化祿，是以儲存陰藏，緩慢而進的財為發富的力量所致。

財帛宮有運星居旺化祿時

運星指的是貪狼和天機。此二星有很大的不同。

貪狼是好運星，居旺時好運不斷。當貪狼居旺加化祿在財帛宮出現時，此人必是七殺坐命的人。貪狼若處於辰、戌宮居廟為財帛宮時，必是七殺坐命寅、申宮的人。此人的財帛宮也是『武貪格』暴發運格，化祿有更增加暴發運在財祿方面的爆發機會，因此讓命格更強。

此外還有紫殺坐命的人，生於戊年，財帛宮有居廟的武曲星和居廟位的貪狼化祿，這也是較強勢的暴發運格在財帛宮中。同樣也會增強其賺錢能力和增強命格的結構。

財帛宮有官星居旺化祿時

官星指的是太陽、天梁、廉貞等星。這些星本身並不主財，若居旺帶化祿，又處於財帛宮中，可因工作上的順遂，而帶來財祿，其力道是和有財星居旺化祿在財帛宮中相比，是等而下之的。同時有官星在財帛宮的人，都屬以薪水階級賺錢方式，是緩慢漸進的賺錢方式，因此和財星相比是不強的，但和沒有化祿在財帛宮的人相比則又強過一百倍了。

有太陽居旺化祿在財帛宮的人，是庚年生太陰坐命酉宮的人，和庚年生，空宮坐命有同梁相照的人。此外有『明珠出海』格之稱的，昌曲坐命未宮有同巨相照的人，生於庚年，財帛宮有太陽化祿和天梁星，這些人都會以官貴得祿而主富。

有廉貞星居廟加化祿在財帛宮的人，是甲年生武府坐命的人，同時命宮中有武曲化科。在命財二宮有『祿、科』，因此比起同類武府坐命的人，算是還很強勢的命格，但仍是以薪水階級為主的財富格局。

有天梁居廟化祿在財帛宮的人，是天同坐命辰、戌宮，又生於壬年的人，此人幼年家中較窮困或父母離異，但出外有貴人，蔭星居廟又加化祿在財帛宮，多靠朋友輩的提攜而生財。命坐戌宮的人，是薪水階級的同命格中較順利的人，命坐辰宮的人，因財帛宮中另有一顆擎羊星而不美。

財帛宮中有暗星和耗星居旺化祿時

暗星指的是巨門。耗星指的是破軍。

當巨門居旺化祿在財帛宮時，是辛年所生的太陽坐命辰、戌宮的人，和辛年所生的天同坐命卯、酉宮的人。其中太陽坐命辰、戌宮的人，因命宮還有太陽化權，在財、官二位就有權祿，命勢最強。二強之中，又以太陽坐命辰宮命宮居旺化權者又最強。此人在爭鬥性強的環境中工作，卻可因自己強勢的命格而主掌權位，是財官雙美的命理格局，是非常利於在政治圈中從官途之路。

當破軍居廟化祿在財帛宮時，是貪狼坐命辰、戌宮的人，這是癸年所生的人，因命宮有貪狼化忌，命宮對宮雖有武曲相照，形成『武貪格』的破格，暴發運不發或暴發時有不吉的災禍產生。因此這是帶有破耗性較大的命理格式。此外，財帛宮有破軍化祿的人，全都是癸年所生，命宮中有貪狼化忌的人，因此破軍化祿在財帛宮時，也不會帶來太多的好運。

財帛宮有化權星時

財帛宮有化權星時，賺錢的能力是比較強。但強的程度是和財帛宮有同類星相比的結果。其中以財星居旺化權為最強，貪狼好運星居旺化權次之，再其次紫微居旺化權，其他才是福星天同居廟化權，和官星居旺化權，再其次是天機居旺化權和巨門居旺化權、破軍居旺化權。

財帛宮有化權星的時候，是比一般人更具有在錢財上的打拚力量和獲得的力量，其狀況有時候會比財帛宮有化祿更強。但有時候也會因為『命、財、官』所坐的『祿、權、科、忌』不同而影響到賺錢的打拚力量。例如財帛宮有太陰化權的戊年生、同梁坐命的人，其官祿宮就會進入天機化忌，在『命、財、官』中權忌相逢而抵消了很多力量，其人在智慧和能力上就不行了，所能掌握的錢財也會比較少。還有紫微化權在財帛宮的壬年所生廉府坐命的人，其官祿宮中有武曲化忌和天相星。『命、財、官』中有權忌相逢，在賺錢的力量中大打折扣，紫微化權在財帛宮，就只落得掌握平順的力量，也無法主富了。

官祿宮有化祿、化權星時

官祿宮主掌的是智慧和奮鬥努力打拚的力量，其中以有化權星最好。其中以有財星居旺化權為有賺錢能力和喜歡賺錢的人，但不一定就是他們能保有錢財。保有錢財必須要會儲存。所以有武曲居旺化權在官祿宮的人，打拚賺錢的能力十足，倒不如有太陰居旺化權在官祿宮中累積的財富多了。像廉破坐命生於庚年的人，官祿宮有武曲化權，但是田宅宮中卻有太陰化忌，能儲蓄財富的力量淺薄，就不會有什麼家財。而戊年生太陽坐命巳宮的人，官祿宮有太陰化權，田宅宮是紫府，所能儲存的財富，是由在工作上強勢的努力而漸漸積存形成的。

官祿宮有財星居旺化祿，會因工作上帶來較多的財富。例如廉相坐命子、午宮的人，又生於己年的人，官祿宮是武曲化祿，財帛宮是紫府，其賺錢能力就非常強，也會在錢多的銀行體系和財經機構工作。接觸、思考、打拚的就是錢！其人的財帛宮和命宮中就有天府和天相兩顆會理財的星。當然對錢財的智慧是很高的了，其暴發運也會特別強盛。以財來論命的命格自然是極富之命格。同樣生於庚年的廉相坐命的人，官祿宮有武曲化權，也是同樣主富的人，其財帛宮和福德宮會有祿存進入，也更賣力於賺錢上。

其他官祿宮是官星有化祿和化權時，有化祿星跟隨的就會在事業上帶來較多的財祿，有化權星相隨的，則在事業上帶來權力地位，像天梁坐命午宮的人，若是生於丁年，財帛宮有居旺的太陰化祿、天機化科。官祿宮有天同化權。財、官二位就有『祿、權、科』，一生中在平安中享財祿、成就。也是財官並美的命理格局。

總之，人之命格中在『命、財、官』三宮位裡有『祿、權、科』進入的人，命理格局都會是較強勢的人，有忌星進入，縱使再有權、祿幫扶，也是多少要打折扣的了，而且權星、祿星和忌星同宮時，以忌星的傷害力量較大，也會對本命造成限制和剋害。在『命、財、官』之中，便形成角力拉扯的局面，同時也會減少賺錢的智慧和奮鬥力了。

第三章 從流年運程看理財方式

從流年運程來看自己的理財方式，可分為以大處著眼的以大運的運行方式，或以十二個地支年為一循環的方式來看。也可以用運氣曲線圖做為一個細微的理財指標。

首先我們先以大運運行的方式或以十二個地支年為循環體系的方式做介紹。而這個方法則要用十二個基本命盤格式來解說。

以大運運行方式，及以十二個地支年流年運氣運行的旺弱做規劃的理財方式

1. 『紫微在子』命盤格式的人

居於『紫微在子』命盤格式的人，有①紫微坐命子宮的人②空宮坐命丑

宮有同巨相照的人③破軍坐命寅宮的人④坐命卯宮為空宮有陽梁相照的人⑤廉府坐命辰宮的人⑥太陰坐命巳宮的人⑦貪狼坐命午宮的人⑧同巨坐命未宮的人⑨武相坐命申宮的人⑩陽梁坐命酉宮的人⑪七殺坐命戌宮的人⑫天機坐命亥宮的人。

在屬於『紫微在子』命盤格式中的這許多人之中，我們可以從命盤中看到，在命盤分隔線右上角的部份大都屬於運勢較差的流年年份，也就是弱運的部份。雖然中間也有貪狼居旺、武相、七殺居廟的運程，但是一年好、一年壞的運程，錢財是很不容易留存的，因此在從巳年開始至亥年這七個年頭是必須要小心、謹慎的處理財務問題的。而在子年到辰年這個階段是必須打拚努力多賺取錢財的運程，是必須好好把握的。

另外在行大運方面，太陰坐命巳宮，貪狼坐命午宮的人，若是生於陽年的男子（陽男）生於陰年的女子（陰女）行順時針方向行大運則不佳，要逆行大運較好（陰男、陽女行運較佳）。而同巨坐命未宮，武相坐命申宮，陽梁坐命酉宮的人，則不論順行，逆行大運，都要到老時才會運好享福。七殺坐命戌宮的人，和天機坐命亥宮的人，最好是陽男、陰女行順向行大運，才

①紫微在子

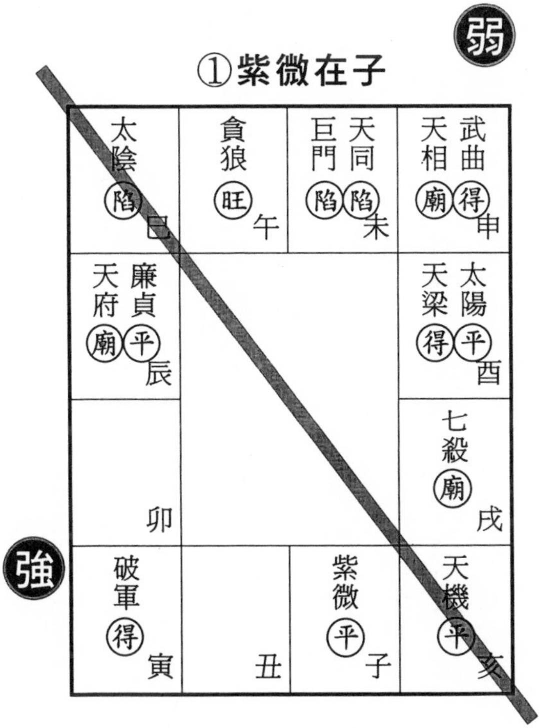
弱
強
太陰 陷 巳
貪狼 旺 午
天同 陷 巨門 陷 未
武曲 得 天相 廟 申
廉貞 平 天府 廟 辰
太陽 平 天梁 得 酉
卯
七殺 廟 戌
破軍 得 寅
丑
紫微 平 子
天機 平 亥

會順利。

至於運勢較強勢這個部份坐命的人，如紫微坐命子宮，不論運勢運行或逆行，都是青少年時代困苦，要到老年才能享受財祿。廉府坐命辰宮的人則必須是陽男陰女順時針運行大運才會好。理財才有效果。

2.『紫微在丑』命盤格式的人

屬於『紫微在丑』命盤格式的人，有①天機坐命子宮的人②紫破坐命丑宮的人③坐命寅宮為空宮有同梁相照的人。④天府坐命卯宮的人⑤太陰坐命辰宮的人⑥廉貪坐命巳宮的人⑦巨門坐命午宮的人⑧天相坐命未宮的人⑨同梁坐命申宮的人⑩武殺坐命酉宮的人⑪太陽坐命戌宮的人⑫空宮坐命亥宮有廉貪相照的人。

在『紫微在丑』命盤格式中這十二種命格的人，我們可以從命盤上大致歸類，以辰年開始，至亥年為止的流年運程，都為一個弱運的時期，而以子年到卯年為一個較強勢的流年運程。雖然在弱運中仍然有天相、巨門居旺、

②紫微在丑

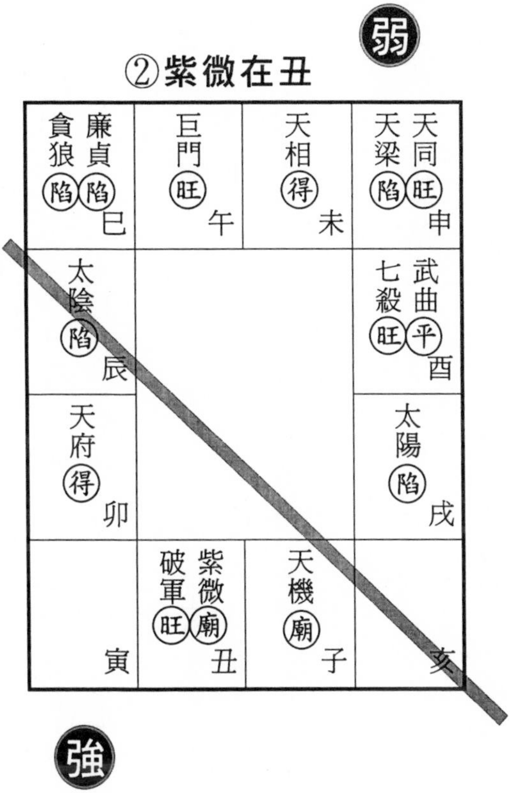
弱
廉貞(陷) 貪狼(陷) 巳
巨門(旺) 午
天相(得) 未
天同(旺) 天梁(陷) 申
太陰(陷) 辰
武曲(平) 七殺(旺) 酉
天府(得) 卯
太陽(陷) 戌
寅
紫微(廟) 破軍(旺) 丑
天機(廟) 子
亥
強

同梁這些不算很差的流年運程，但是在賺錢上依然是辛苦的，只不過稍有平順的生活而已，也不算旺運。因此這八個年頭是必須小心的。而子年到卯年這四個年頭是可好好打拚，可以多賺錢財的運程。

在大運行運方面：天機坐命子宮的人，紫破坐命丑宮的人，廉貪坐命巳宮的人，巨門坐命午宮的人，太陽坐命亥宮的人，以陽男，陰女的行運方式順時針方向行運較佳。

天府坐命卯宮，空宮坐命有同梁相照的人，太陰坐命辰宮的人，天相坐命未宮的人，同梁坐命申宮的人，武殺坐命酉宮的人，則以陰男、陽女的行運方式逆時針方向行運較佳。在中年或老年都陸續可獲得良好的財運。

※大運管十年的運氣。

3. 『紫微在寅』命盤格式的人

屬於『紫微在寅』命盤格式的人有①破軍坐命子宮的人②天機坐命丑宮的人③紫府坐命寅宮的人④天陰坐命卯宮的人⑤貪狼坐命辰宮的人⑥巨門坐命巳宮的人⑦廉相坐命午宮的人⑧天梁坐命未宮的人⑨七殺坐命申宮的人⑩

強

③紫微在寅

巨門(旺) 巳	廉貞(平) 天相(廟) 午	天梁(旺) 未	七殺(廟) 申
貪狼(廟) 辰			天同(平) 酉
太陰(陷) 卯			武曲(廟) 戌
紫微(旺) 天府(廟) 寅	天機(陷) 丑	破軍(廟) 子	太陽(陷) 亥

弱

天同坐命酉宮的人⑪武曲坐命戌宮的人⑫太陽坐命亥宮的人等等十二種命格的人。

在『紫微在寅』命盤格式中，上述十二種命格的人在十二個地支年為一循環期中，以辰年至戌年七個年頭中，歷經辰、戌年，頭尾兩個暴發年，是在財運上大有所獲的年份，同時也是個可好好理財、比較快樂的年份。

從亥年到卯年的弱運期中，雖也有紫府、破軍等強力衝刺的流年星曜，但破軍有破耗的成份，在弱運期打拚，效果是不彰顯的，反而破耗的效果比較顯現。寅年的紫府運程，因緊接在天機陷落的運程之後，要立刻能積蓄到大筆的錢財來理財，也屬不可能，因此只靠這一年的打拚就能登上財富的高位，是有實質上的困難的。況且接下來又是卯年太陰陷落的一年。因此紫府運在這個命盤格局中只是平順而已的運程了。

在大運行運方面：以破軍坐命子宮的人，天機坐命丑宮的人，巨門坐命的人，天梁坐命未宮的人，七殺坐命申宮的人，這五種命格的人，在行運中順行、逆行都是可以的，也就是說無論是生在陽年的男子或女子，亦無論是生在陰年的男子或女子都會很順利，很能夠達到理財的願望。

需要順行大運的人，有紫府坐命寅宮的人，太陰坐命卯宮的人，貪狼星坐命辰宮的人，廉相坐命午宮的人，天同坐命酉宮的人。是以生在陽年的男性和生於陰年的女性，大運行運較佳，有較多的財富來理財。

需要逆行大運的人，則是貪狼坐命辰宮的人和武曲坐命戌宮的人，以及太陽坐命亥宮的人，是以生在陰年的男子、陽年生的女子，行運模式較佳。較能有暴發財運的機會，多得錢財來理財。

4.『紫微在卯』命盤格式的人

屬於『紫微在卯』命盤格式的人有①太陽坐命子宮的人②天府坐命丑宮的人③機陰坐命寅宮的人④紫貪坐命卯宮的人⑤巨門坐命辰宮的人⑥天相坐命巳宮的人⑦天梁坐命午宮的人⑧廉殺坐命未宮的人⑨空宮坐命申宮有機陰相照的人⑩空宮坐命酉宮的有紫貪相照的人⑪天同坐命戌宮的人⑫武破坐命亥宮的人等十二種命格的人。

在『紫微在卯』命盤格式中，上述十二種命格的人，在十二個地支年為一循環期中，我們可由子宮和未宮的連線將此命盤一分為二，右邊的未、申、酉、戌、亥、子等年都是弱運年。而命盤左半邊，自丑年至午年的流年運程

弱

④紫微在卯

天相(得) 巳	天梁(廟) 午	廉貞(平) 七殺(廟) 未	申
巨門(陷) 辰			酉
紫微(旺) 貪狼(平) 卯			天同(平) 戌
天機(得) 太陰(旺) 寅	天府(廟) 丑	太陽(陷) 子	武曲(平) 破軍(平) 亥

強

是較佳的年份，可以好好打拚理財增加財富。命盤右半部的弱運年份，則需要小心謹慎，減少破財消耗，以保住平安，才會有實力迎接旺運的年份而致富。在較強勢的流年中雖然也有像辰年巨門陷落這樣的運程會影響財運，且因是非爭鬥而耗財，但是因卯年極佳的紫貪運和巳年平安康泰的天相運，也會撫平辰年巨門陷落運的虧損。在強運中，只有一個弱運流年是不足為害的，財運也不致低落到極低劣的程度。

在大運運行方面：以太陽坐命子宮的人，天府坐命丑宮的人，機陰坐命寅宮的人，紫貪坐命卯宮的人，天同坐命戌宮的人，武破坐命亥宮的人，要行順行大運，也就是最好是生在陽年的男子，或生在陰年的女子，中年努力可有錢財來理財。

需要逆行大運的人，則是巨門坐命辰宮的人，天相坐命巳宮的人，天梁坐命午宮的人，廉殺坐命未宮的人，空宮坐命申宮有機陰相照的人。空宮坐命酉宮有紫貪相照的人。這些人最好是生在陰年的男子，或生在陽年的女子，大運運程以逆時針方向運行為佳，如此便較容易有多一點的財富來理財了。

5.『紫微在辰』命盤格式的人

屬於『紫微在辰』命盤格式的人有①武府坐命子宮的人②日月坐命丑宮的人③貪狼坐命寅宮的人④機巨坐命卯宮的人⑤紫相坐命辰宮的人⑥天梁坐命巳宮的人⑦七殺坐命午宮的人⑧空宮坐命未宮有日月相照的人⑨廉貞坐命申宮的人⑩空宮坐命酉宮有機巨相照的人⑪破軍坐命戌宮的人⑫天同坐命亥宮的人等十二種命格的人。

在『紫微在辰』命盤格式中，上述十二種命格的人，從亥年到辰年運氣都很好，屬於強勢運程，自巳年開始運氣轉弱，尤其在未年、酉年兩個空宮運程，和七殺、破軍兩個『殺、破、狼』格局中辛苦勞碌的殺破之年，縱然有廉貞居廟的旺運，但也是勞苦不斷的運程，因此巳年到戌年是屬於弱運的流年運。這個分界點就是在巳年和戌年，在旺運強勢的自亥年至辰年的六個年頭中，你是賺錢順利，很會投資理財的人，而且也賺到十分豐厚的財富。但是在巳年到戌年的六個年頭中，投資理財，常有虧損，就算偶爾有點小賺，下一次便很快的賠掉了，因此這個弱運部份的年頭是不適合來理財投資的，並且也要節儉生活，以防破耗太多，傷了自己財富的元氣。

⑤紫微在辰

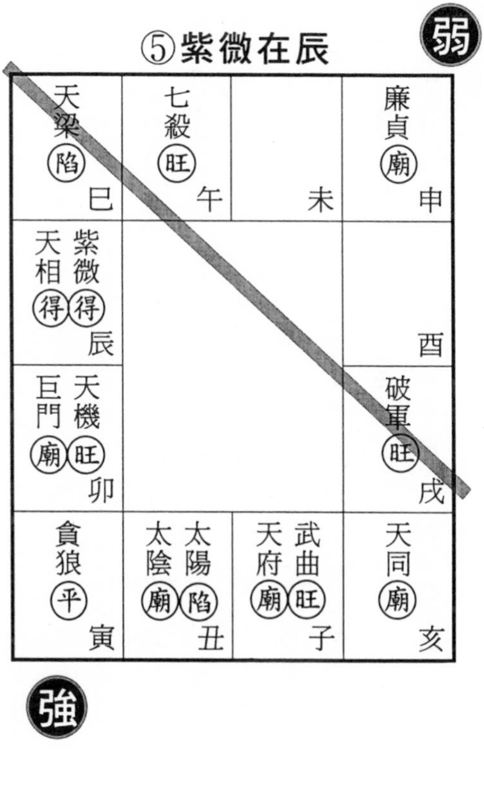
弱
天梁 陷 巳
七殺 旺 午
未
廉貞 廟 申
紫微 得 天相 得 辰
酉
天機 旺 巨門 廟 卯
破軍 旺 戌
貪狼 平 寅
太陽 陷 太陰 廟 丑
武曲 旺 天府 廟 子
天同 廟 亥
強

在大運運行方面：適合大運順行運行的人：武府坐命子宮的人，日月坐命丑宮的人，空宮坐命酉宮有機巨相照的人，破軍坐命戌宮的人，天同坐命亥宮的人，最好是生在陽年的男子和陰年的女子，大運方向是順時針方向運行，行運較順利，財富會較多，理財較容易。

適合大運逆行行運的人：機巨坐命卯宮的人，紫相坐命辰宮的人，天梁坐命巳宮的人，七殺坐命午宮的人，空宮坐命未宮有日月相照的人。這些人必須是生在陰年的男子和生在陽年的女子，其大運運行為逆時針方向行使的，才會一生財運較順利，有多一點的財富來理財投資。

還有二個命格的人，是大運順行，逆行都無謂，都有一些晦運期和好運期的。例如貪狼坐命寅宮的人，無論大運順行、逆行，他在年青時期運都不錯，但在中年以後大運逢低也較無財。而廉貞坐命申宮的人，在青少年、青年時代很辛苦，運氣不強，要到中年以後愈來愈富，投資理財方面的經驗也愈豐富，理財金額也愈大。

6. 『紫微在巳』命盤格式的人

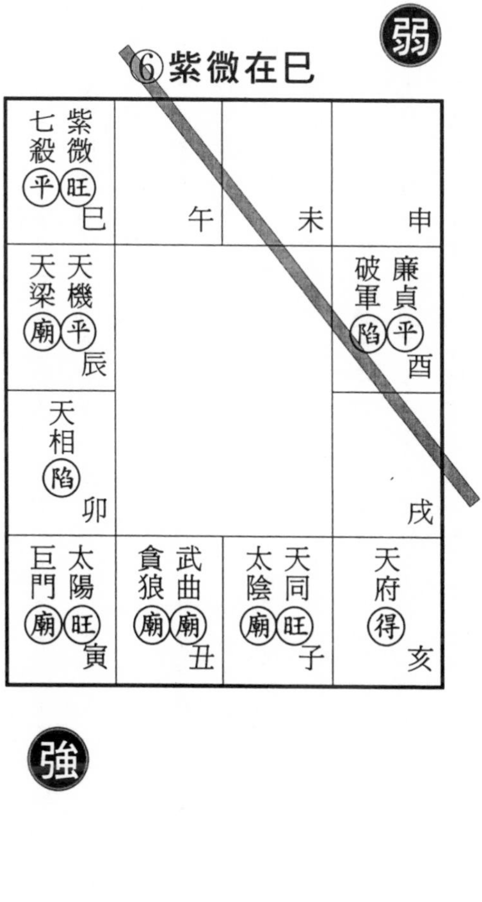

屬於『紫微在巳』命盤格式的人，有①同陰坐命子宮的人②武貪坐命丑宮的人③陽巨坐命寅宮的人④天相坐命卯宮的人⑤機梁坐命辰宮的人⑥紫殺坐命巳宮的人⑦空宮坐命午宮有同陰相照的人⑧空宮坐命未宮有武貪相照的人⑨空宮坐命申宮有陽巨相照的人⑩廉破坐命酉宮的人⑪空宮坐命戌宮有機梁相照的人⑫天府坐命亥宮的人。

在『紫微在巳』命盤格式中，上述十二種命格的人，因為命盤中，有四個空宮弱運，幾年都連在一起，加上酉年是廉破運不佳。因此從午年到戌年，一路走來都是辛苦不進財的流年運，所以這些年份是不適合投資的年份。

在比較強勢的流年運裡，其實還是暗藏玄機的，例如亥年的天府運，因為財運剛轉好，還不是很強，因此這個天府運只不過是衣食溫飽，手頭的錢財剛夠用，還談不上投資理財，要到子年才會真有錢來儲蓄理財。另外在強勢運程中還有卯年的天相陷落運與辰年的機梁運，都是不主財的流年運。一切也是以平安順利的過活為理財之道，是千萬不可異想天開的做大筆投資或買很多消耗品的。

在大運運行方面：必須順行行大運的人，有同陰坐命子宮的人，武貪坐命丑宮的人，廉破坐命酉宮的人，空宮坐命有機梁相照的人，天府坐命亥宮的人，這些命格的男子必須生於陽年。這些命格的女子，必須生於陰年。這樣行運才會順利，一生有較多的財富來投資理財。

必須逆行大運的人：有天相坐命卯宮的人，機梁坐命辰宮的人，紫殺坐命巳宮的人，空宮坐命午宮有同陰相照的人，空宮坐命未宮有武貪相照的人。這些命格的男子必須生於陰年，這些命格的女子必須生於陽年，一生行運才會順暢，才會有多餘的錢來理財。

另外陽巨坐命寅宮的人，和空宮坐命申宮有陽巨相照的人，是屬於順行、逆行大運皆可的人。陽巨坐命寅宮的人，是中年以前還順遂，中年以後生活較困苦，無錢來投資理財的人。而空宮坐命有陽巨相照的人，是中年以前命不好，中年以後富裕有錢可做理財投資的人。

7.『紫微在午』命盤格式的人

屬於『紫微在午』命盤格式的人有①貪狼坐命子宮的人②同巨坐命丑宮的人③武相坐命寅宮的人④陽梁坐命卯宮的人⑤七殺坐命辰宮的人⑥天機坐命巳宮的人⑦紫微坐命午宮的人⑧空宮坐命有同巨相照的人⑨破軍坐命申宮

弱

⑦紫微在午

天機 ㊥平 巳	紫微 (廟) 午	未	破軍 (得) 申
七殺 (廟) 辰			酉
太陽 (廟) 天梁 (廟) 卯			廉貞 (平) 天府 (廟) 戌
武曲 (得) 天相 (廟) 寅	天同 (陷) 巨門 (陷) 丑	貪狼 (旺) 子	太陰 (廟) 亥

強

的人⑩空宮坐命酉宮，有陽梁相照的人⑪廉府坐命戌宮的人⑫太陰坐命亥宮的人。

在『紫微在午』命盤格式中，上述十二種命格的人，在十二個地支年的運勢中，以戌年、亥年、子年……以至於辰年，算是走比較強勢的流年運程，在這七個年份中，你們所賺得錢比較多。這其中雖然也有丑年的同巨運不太好，但是以前後二年的吉運，會把稍微略差的同巨運帶過，也不致於太困難。因此這些較強勢的流年運是值得做投資理財的。

弱運的部份從巳年開始到酉年這五個年份，其中在午年的紫微運很旺，但前一年是天機陷落運極差的流年運，想爬起來，一下子不是那麼容易。再加上未年又是空宮運，因此午年的紫微運再好，也只不過是平順，有一點餘錢罷了，為了要應付後面幾年的弱運，此年還是不宜投資來理財的，最好還是要減少破耗，積存一點錢財才好。

在大運運行方面：適合大運順行運行的人：貪狼坐命子宮的人，破軍坐命申宮的人，空宮坐命酉宮有陽梁相照的人，廉府坐命戌宮，太陰坐命亥宮的人。這些命格的人若是男子要生於陽年，若是女子要生於陰年，大運會依順時針方向運行，一生才會財多好投資理財。適合大運逆行行運的人：陽梁坐命卯宮的人，七殺坐命辰宮的人，天機坐命巳宮的人，紫微坐命午宮的人，空宮坐命未宮有同巨相照的人。這些命格的人若是男子，最好生在陰年。若是女子最好生在陽年，大運會逆行運轉，這樣行運才會財運好，有錢來做投資理財。

另外同巨坐命丑宮的人和武相坐命寅宮的人，是大運運行方式順行、逆行皆可的人。同巨坐命丑宮的人，在四十五歲中年以後較辛苦，但年輕時較享福。中年以後，無錢做投資。武相坐命的人，順行行大運時中年比較差，青年和老年都不錯，有錢可投資。逆行行運的人，青少年和老年較差。中年時代很有錢可投資理財，運氣非常好。

8.『紫微在未』命盤格式的人

屬於『紫微在未』命盤格式的人有①巨門坐命子宮的人②天相坐命丑宮的人③同梁坐命寅宮的人④武殺坐命卯宮的人⑤太陽坐命辰宮的人⑥空宮坐命巳宮有廉貪相照的人⑦天機坐命午宮的人⑧紫破坐命未宮的人⑨空宮坐宮申宮有同梁相照的人⑩天府坐命酉宮的人⑪太陰坐命戌宮的人⑫廉貪坐命亥

⑧紫微在未

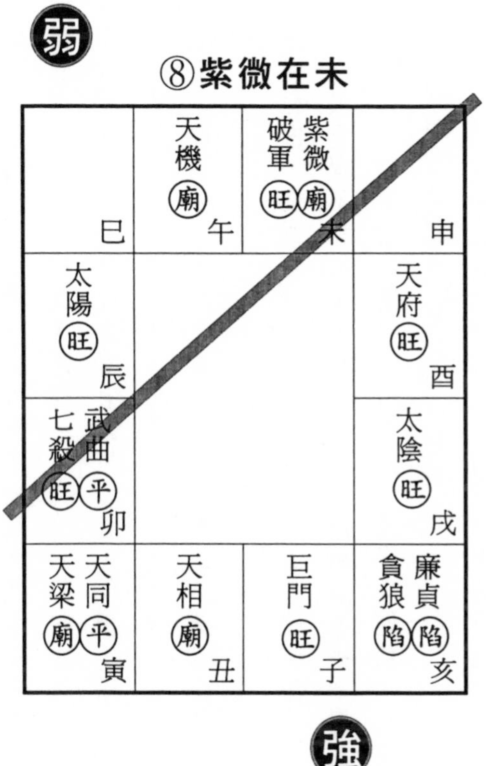
弱
天機
廟
午
破軍
紫微
旺
廟
未
巳
申
太陽
旺
辰
天府
旺
酉
七殺
武曲
旺
平
卯
太陰
旺
戌
天梁
天同
廟
平
寅
天相
廟
丑
巨門
旺
子
貪狼
廉貞
陷
陷
亥
強

的人。

在『紫微在未』命盤格式中，若以流年運程的旺弱來做上述十二個命格的旺運分界點，則是以從酉年、戌年一直到寅年的這六個年度為較強勢的流年運程，而以卯年到申年為弱運的流年運程，因為這六年當中包含了兩個空宮運，還有賺錢辛苦的武殺運。紫破運雖有打拼力量，但仍是以耗財為多的運勢。天機運雖有變化的因素機會很多，但不主財。太陽運也是辛苦其他的運氣好，財只是普通平順罷了，因此在這些屬於弱勢流年運，是無法有足夠的錢財來投資理財的。

在強勢的流年運程中，從酉年的天府運起，戌年的太陰運都是富足多財的運程。亥年時雖有廉貪運不吉，但會在子年、丑年相繼撫平。因此從酉年至寅年這些較強勢的流年運程中，是可以有餘錢來投資理財的。只是在亥年時還是以保守為佳，最好停止投資以免耗財、敗財。

在大運運行方面：必須順行行大運的人，有武殺坐命卯宮的人、太陽坐命辰宮的人、空宮坐命巳宮有廉貪相照的人、天機坐命午宮的人、紫破坐命未宮的人、空宮坐命有同梁相照的人、天府坐命酉宮的人、太陰坐命戌宮的，這些命格的人，若是男子須生於陽年，若是女子則須生於陰年，大運方向為順時針運行，是較為順利，有較多的財富來理財投資。

必須逆行大運的人有：巨門坐命子宮的人，天相坐命丑宮的人，同梁坐命寅宮的人，廉貪坐命亥宮的人。上述這些命格的人，若是男子則須生於陰年，若是女子則須生於陽年，大運方向會逆時針方向逆行起運，一生較富足順利，也會有較多的錢財來投資理財。

9.『紫微在申』命盤格式的人

屬於『紫微在申』命盤格式的人，有①廉相坐命子宮的人②天梁坐命丑宮的人③七殺坐命寅宮的人④天同坐命卯宮的人⑤武曲坐命辰宮的人⑥太陽坐命巳宮的人⑦破軍坐命午宮的人⑧天機坐命未宮的人⑨紫府坐命申宮的人⑩太陰坐命酉宮的人⑪貪狼坐命戌宮的人⑫巨門坐命亥宮的人。

『紫微在申』命盤格式中，若以流年運程的旺弱來做上述十二個命格的旺運分界點，認真的說只有午年、未年是最差的。而其流年運程比起別的命盤格式來說好得太多了。而這兩個看起來比較差的流年運，頭尾有巳年居旺的太陽運和申年的紫府運相夾，其實只是破耗多一點而已，若能認真的應付，

弱

⑨紫微在申

太陽（旺） 巳	破軍（廟） 午	天機（陷） 未	紫微（旺） 天府（得） 申
武曲（廟） 辰			太陰（旺） 酉
天同（平） 卯			貪狼（廟） 戌
七殺（廟） 寅	天梁（旺） 丑	廉貞（平） 天相（廟） 子	巨門（旺） 亥

強

也不會產生大問題，仍是可小心謹慎的投資理財的。至於其他旺運較強勢的年份，更是可大膽投資的好機會，在財富上一定大有斬獲的。

在大運運行方面，必須順向行大運的人有：七殺坐命寅宮的人、天機坐命未宮的人、紫府坐命申宮的人、太陰坐命酉宮的人、貪狼坐命戌宮的人。上述這些命格的人，若是男子要生於陽年，若是女子要生於陰年，才會一生行大運順利，多得財富，可發富，有大筆的財富可支配應用來投資。

必須逆向行大運的人有：天同坐命卯宮的人、武曲坐命辰宮的人、太陽坐命巳宮的人、破軍坐命午宮的人、巨門坐命亥宮的人。上述命格的人，若是男子，要生於陰年。若是女子要生於陽年。才會一生行大運順利，可多得財富來投資。

另外，廉相坐命子宮的人和天梁坐命丑宮的人，無論男女，生於陽年或陰年皆可，大運順行、逆行皆可，只是『武貪格』暴發運最大的一次，早發和晚發而已。『武貪格』不發少年人，因此以中年三十六歲左右暴發為最適合的年紀，發財會最大。

10. 『紫微在酉』命盤格式的人

強

⑩紫微在酉

武曲(平) 破軍(平) 巳	太陽(旺) 午	天府(廟) 未	天機(得) 太陰(平) 申
天同(平) 辰			紫微(旺) 貪狼(平) 酉
卯			巨門(陷) 戌
寅	廉貞(平) 七殺(廟) 丑	天梁(廟) 子	天相(得) 亥

弱

屬於『紫微在酉』命盤格式的人有：①天梁坐命子宮的人②廉殺坐命丑宮的人③空宮坐命有機陰相照的人④空宮坐命有紫貪相照的人⑤天同坐命辰宮的人⑥武破坐命巳宮的人⑦太陽坐命午宮的人⑧天府坐命未宮的人⑨機陰坐命申宮的人⑩紫貪坐命酉宮的人⑪巨門坐命戌宮的人⑫天相坐命亥宮的人。

在『紫微在酉』的命盤格式中，若以流年運程的旺弱來做上述十二個命格的旺運分界點，則以從丑年的廉殺運至巳年的武破運為相連的五個年頭為弱運的流年運程。因廉殺運辛苦勞碌，賺錢不容易，而寅年、卯年是空宮運，辰年是居平的天同運，和巳年的武破運，這一連五年都是必須要小心耗財，不進財的問題，因此在投資理財是有困難的。

在比較強勢運程方面，是從午年的太陽運，一直到子年的天梁運，共有七個年頭。中間雖有機陰居平和巨門陷落的流年運程，但中間間隔了較佳的紫貪運，頭尾又有天府運和天相運，因此可以撫平這兩年不好的運程。只要小心投資，謹防破耗，也就沒有問題了。

在大運運行方面：必須順向行運的人有：天同坐命辰宮的人，空宮坐命卯宮的人，武破坐命巳宮的人，太陽坐命午宮的人，天府坐命未宮的人，機陰坐命申宮的人，上述這些命格的人，若是男子最好生在陽年，若是女子最好生在陰年，在行大運時能順向行大運，一生較富足有錢，可投資理財。

必須逆向行大運的人有：天梁坐命子宮的人，廉殺坐命丑宮的人，空宮坐命寅宮有機陰相照的人，紫貪坐命酉宮的人，巨門坐命戌宮的人，天相坐命亥宮的人。上述這些命格的人，必須是男子生在陰年，女子生在陽年，大運才會逆時針方向運行，一生會較順遂，有錢來投資理財。

11.『紫微在戌』命盤格式的人

屬於『紫微在戌』命盤格式的人有：①七殺坐命子宮的人②空宮坐命有日月相照的人③廉貞坐命寅宮的人④空宮坐命卯宮有機巨相照的人⑤破軍坐命辰宮的人⑥天同坐命巳宮的人⑦武府坐命午宮的人⑧日月坐命未宮的人⑨貪狼坐命申宮的人⑩機巨坐命酉宮的人⑪紫相坐命戌宮的人⑫天梁坐命亥宮的人。

在『紫微在辰』命盤格式中，若以流年運程的旺弱來做上述十二種命格的旺運分界點，則是以巳年的天同居廟運到戌年的紫相運是強勢的旺運期。以亥年的天梁陷落運到辰年的破軍運的六個年頭為弱運期。旺運期的六個年

⑪紫微在戌 強

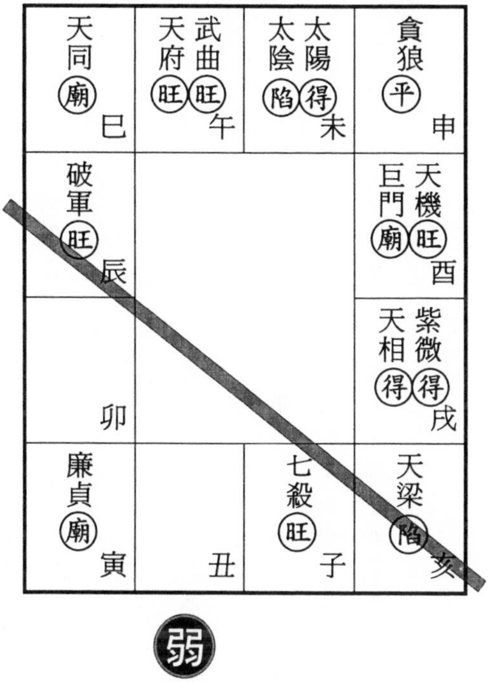

天同 廟 巳
武曲 旺 天府 旺 午
太陽 得 太陰 陷 未
貪狼 平 申
破軍 旺 辰
天機 旺 巨門 廟 酉
卯
紫微 得 天相 得 戌
廉貞 廟 寅
丑
七殺 旺 子
天梁 陷 亥
弱

頭是賺取和聚集財富較多的年份，也適合投資理財。弱運期的六個年頭，是打拼、努力減少消耗的時期，弱運期中有丑、卯兩個流年運程是空宮運，雖還有七殺、廉貞這兩個好一點的運程，但夾在空宮弱運中，好得也會有限了。因此依然是必須小心謹慎於投資理財較好。

在大運運行方面：適合順向行大運的人：廉貞坐命的人、空宮坐命卯宮有機巨相照的人、破軍坐命辰宮的人、天同坐命巳宮的人、武府坐命午宮的人、日月坐命未宮的人。上述這些命格的人，若是男子應生於陽年，若是女子應生於陰年，這樣行運才會順利，多得錢財，可投資。

適合逆向行大運的人：七殺坐命子宮的人，坐命丑宮為空宮有日月相照的人，貪狼坐命申宮的人，機巨坐命酉宮的人，紫相坐命戌宮的人，天梁坐命亥宮的人。上述命格的人，若是男子應生於陰年，若是女子應生於陽年，大運逆向運行，一生才多財富，可投資。

12 『紫微在亥』命盤格式的人

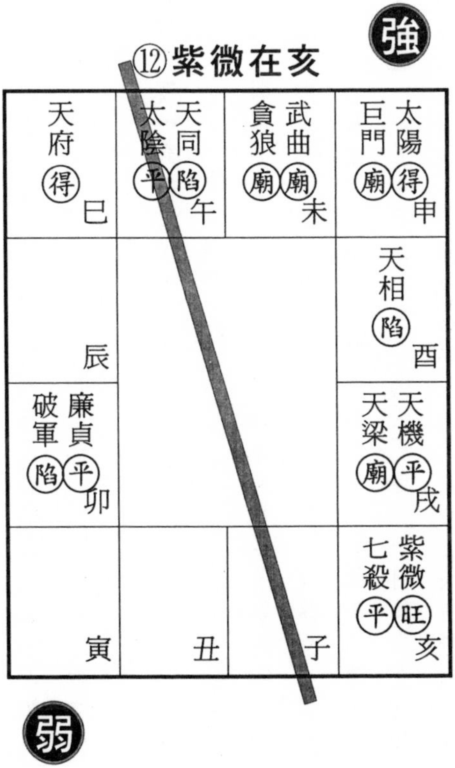

屬於『紫微在亥』命盤格式的人有：①空宮坐命子宮有同陰相照的人②空宮坐命丑宮有武貪相照的人③空宮坐命寅宮有陽巨相照的人④廉破坐命卯宮的人⑤空宮坐命辰宮有機梁相照的人⑥天府坐命巳宮的人⑦同陰坐命午宮的人⑧武貪坐命未宮的人⑨陽巨坐命申宮的人⑩天相坐命酉宮的人⑪機梁坐命戌宮的人⑫紫殺坐命亥宮的人。

在『紫微在亥』命盤格式中，若以流年運程來做上述十二種命格的旺運分界點，剛好是以子、午宮為界。強勢較旺的流年運是以未年的武貪運開始，一直到亥年的紫殺運間的五個年頭。而弱運期是從子年的空宮運到午年的同陰落運程，這其中有太多個空宮，又加上卯年的廉破運程，因此有七個年頭都是不進財，有破耗的弱運期，這其中縱然有巳年的天府運，但前後為空宮和同陰陷落運程，這其中縱然有巳年的天府運，但前後為空宮和同陰陷落運相夾，能儲存的錢財少，好得也有限。因此真正能投資理財的只有從未年開始到亥年的稍強勢一點的流年運了。

在大運運行方面：適合順向運行大運的人有：廉破坐命卯宮的人，空宮坐命辰宮有機梁相照的人，天府坐命巳宮的人，同陰坐命午宮的人，武貪坐命未宮的人，陽巨坐命申宮的人。上述這些命格的人，若是男子，要生在陽年，若是女子，要生在陰年，順向行大運，一生較順，可有錢來投資。

適合逆向行大運的人有：空宮坐命子宮有同陰相照的人，空宮坐命丑宮有武貪相照的人，空宮坐命寅宮有陽巨相照的人，天相坐命酉宮的人，機梁坐命戌宮的人，紫殺坐命的人。上述這些命格的人，男子要生在陰年，女子要生在陽年，大運逆行運轉，一生才會富足，有錢投資。

熱賣中

實用紫微斗數精華篇

學了紫微斗數卻依然看不懂格局，
不瞭解星曜代表的意義，
不知道命程形局的走向，
人生的高峰時期在何時？
何時是發財增旺運的好時機？
考試、升職的機運在何時？
何時才會交到知心的好朋友？
姻緣在何時？未來的配偶是一個什麼樣的人？
一生到底能享多少福？成就有多高？
不管問題是你自己的，還是朋友的，
你都在這本書中找得到答案！
法雲居士將紫微斗數的精華從實用的角度
來解答你的迷惑，及解釋專有名詞，
讓你紫微斗數的功力大增，
並對每個命局瞭若指掌，如數家珍！

第四章 運氣曲線圖可做理財指標

所謂的『運氣曲線圖』，就是我曾經把每個命盤格式的人，歷經子年、丑年、寅年、卯年、辰年、巳年、午年、未年、申年、酉年、戌年、亥年等十二個地支年份裡，運氣升降起伏的變化，各自製作了圖表，這十二個命盤格式所各自歸屬的圖表，就是十二個命盤格式的人的『運氣曲線圖』。既然是十二個命盤格式的人都包括了，當然也就包括了所有人類的『運氣曲線圖』了。這個『曲線圖』，我曾經在我的另一本書『如何掌握旺運過一生』裡公佈它。那時候是提供讀者發現自己的旺運期和弱運期。實際上旺運期就是我們適合理財的周期，而弱運期就是不適合理財，有破耗的周期，因此我再次以這個『運氣曲線圖』來展現每個人理財的運氣。而這個『運氣曲線圖』就是我們最可靠的理財指標了。同時這也是最細緻的理財分析法。

在前一章節中我們曾經以強弱的二分法方式，分析過每個命盤結構中那些年份是強勢，而能多賺錢財的流年，而那些年份是較弱，比較辛苦、進財較少、破耗較多，需要小心謹慎的投資，精確的理財，才不會吃虧上當或賠錢耗財。在這個部份，我們則利用『運氣曲線圖』更科學化的找到了運氣升降的幅度，如此一來，準確度就會更高，對於進財和守財的時機就能把握的更精準了。

另外，我要談到的是，這個『運氣曲線圖』是以每個命盤各自的命理格局，命盤中的主星的旺弱所製訂的。你是那個命盤格式的人，就有那個命盤格式所獨特專有的『運氣曲線圖』，是不可混淆弄錯了，否則就不準了。有些讀者問我：『每個人的運氣曲線圖難道和我們周邊的大環境沒有關係嗎？會不會受到影響呢？』

我們每個人的『運氣曲線圖』自然包括了大環境的影響，但是『運氣曲線圖』出自你個人的命理格局，端看你自己命格中對大環境的抵制和承受作用。就像民國七十三年（甲子年），有一次股市崩盤，可是當年走同陰運、武府運、貪狼運、廉相運、天梁運的人，都還是賺到錢。只有走破軍運、空宮運、太陽陷落運、七殺運的人，會有虧損、耗財，損失了一些錢財。民國八十年（辛未年）泡沫經濟出現，照樣有武貪運的人逢運暴發，就像歌星張學友就是這樣竄起來的，但是年有許多大企業、大銀行倒閉。因此我認為你只需看自己走的是什麼運？運好不好？要如何理財？大環境不好時，依然有人發財，大環境非常好的時候，依然有人拮据困苦，這就是自己的命運依然是屬於自己的命格所致，大環境的影響是有，但是也包括在你本身的『運氣曲線圖』之內了。

1. 『紫微在子』命盤格式的人

『紫微在子』命盤格式的人，從『運氣曲線圖』上來看，中間一條黑線標著『旺運起點』的就是一般運氣的起點，中線部份以上的點是運氣較佳的點，也是適合理財、投資、會多賺錢財的年份。中線以下的點是必須小心財務問題，不可投資，容易產生破耗，要節儉過日子的年份。

這個命盤格式中的十二種命格的人，在子年、辰年、午年、申年是會多賺錢財適合投資理財的年份。在丑年、寅年、卯年、巳年、未年、酉年、戌年、亥年都必須要十分小心。某些年份更要維持固定的工作，以求自保，金錢運極為不佳，更沒有餘錢來投資了。

紫微在「子」的命盤格式運氣圖

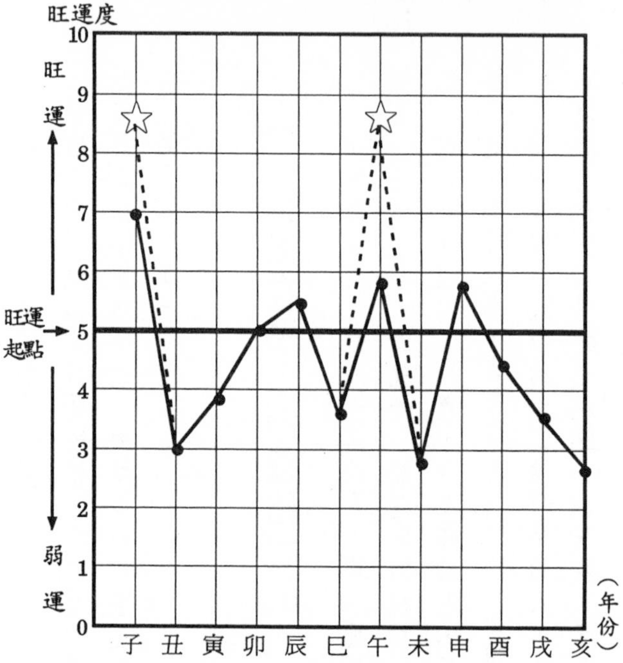

＊上部☆星點為『火貪』『鈴貪』爆發『偏財運』的旺運

＊下部★星點為『廉殺羊』的惡運終點

太陰(陷) 巳	貪狼(旺) 午	天同(陷) 巨門(陷) 未	武曲(得) 天相(廟) 申
廉貞(平) 天府(廟) 辰			太陽(平) 天梁(得) 酉
卯			七殺(廟) 戌
破軍(得) 寅	丑	紫微(平) 子	天機(平) 亥

2.　『紫微在丑』命盤格式的人

紫微在「丑」的命盤格式運氣圖

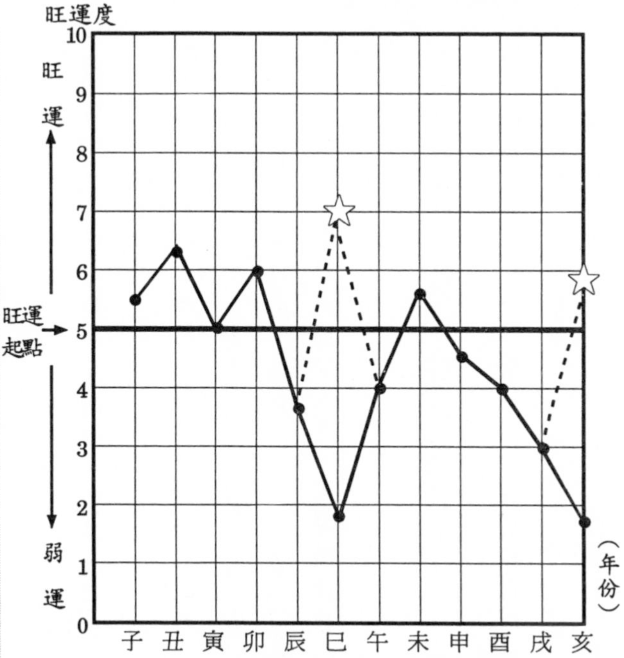

＊☆星點為『火貪』『鈴貪』爆發『偏財運』的旺運

廉貞(陷) 貪狼(陷) 巳	巨門(旺) 午	天相(得) 未	天同(旺) 天梁(陷) 申
太陰(陷) 辰			武曲(平) 七殺(旺) 酉
天府(得) 卯			太陽(陷) 戌
寅	紫微(廟) 破軍(旺) 丑	天機(廟) 子	亥

『紫微在丑』命盤格式裡十二個命格的人，以子年、丑年、卯年、未年可稍微投資，能賺到一些錢財，但是在丑年雖好，是紫破運，有表面看起來的榮景，是氣勢大、海派作風，私底下卻耗財很多，因此必須小心耗財的問題，會入不敷出，賺賠之間是必須要衡量的。

財運比較差的年份是寅年、辰年、巳年、申年、酉年、戌年、亥年，這些年份中有的是進財不順利的年份，有的是賺錢辛苦又不多的年份，在這些弱運的流年中要記得固守本業，不要隨便換工作，以防有失。

3.『紫微在寅』命盤格式的人

『紫微在寅』命盤格式裡十二個命格的人，以寅年、辰年、巳年、午年、未年、申年、戌年會賺到錢。其中辰、戌年有『武貪格』暴發運，會暴發偏財運，可獲得極大的財富，是必須來好好投資在大目標上的。

子年的破軍運，雖有打拼力量算不錯，這一年此命格的人也非常喜歡投資，但是眼光一定要準確，並且不能太固執，得放手時，就要放手，這樣才不會造成虧損破耗。另一方面，破軍運既然主破耗，有的人就乾脆用此運程

紫微在「寅」的命盤格式運氣圖

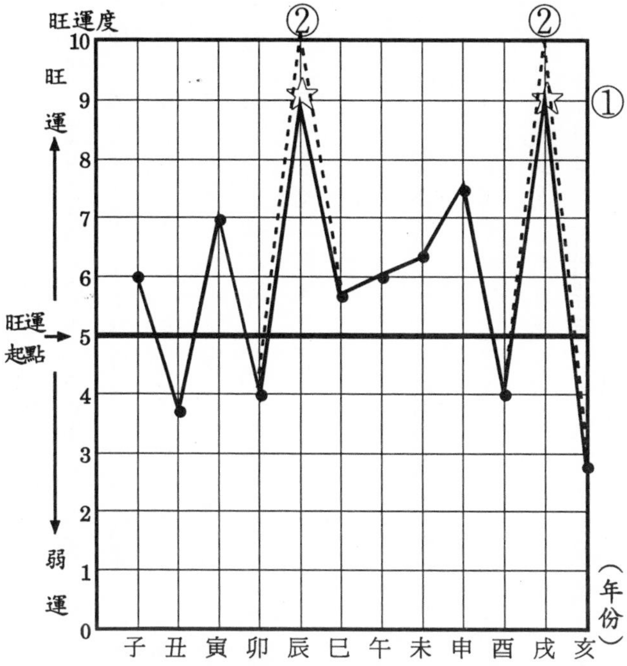

*①是『武貪格』爆發『偏財運』的旺度點
②是『武貪』加『火鈴』所爆發最強『偏財運』的點

巨門(旺) 巳	天相(廟) 廉貞(平) 午	天梁(旺) 未	七殺(廟) 申
貪狼(廟) 辰			天同(平) 酉
太陰(陷) 卯			武曲(廟) 戌
天府(廟) 紫微(旺) 寅	天機(陷) 丑	破軍(廟) 子	太陽(陷) 亥

來投資，以期在別的好運年來回收，但是眼光一定要準，才不會吃虧。

財運較差不適合投資的年份是丑年、卯年、巳年、酉年、亥年。這些年份中，像丑年的天機陷落運是運氣很差，愈變愈壞，愈壞還愈變，進不了財。卯年的太陰陷落運是財少賺不到錢的運。巳年的巨門運是非太多糾纏不清。酉年的天同居平運，是操勞享不到福，財也少的運。亥年的太陽陷落運，是運氣差、晦暗，自己感到煩悶，進財不順。這些年份不是沒錢投資，就是有是非紛擾，進財不順，因此要固守本業，忍耐度過，千萬不要借錢去投資，會造成一敗塗地的後果的。

4.『紫微在卯』命盤格式的人

『紫微在卯』命盤格式中的十二種命格的人，以丑年、寅年、卯年、午年，財運較好。巳年的天相運只是平順而已，但這些年份是可以儲蓄錢財，來投資的年份。倘若酉年的空宮運中有祿存進入成為祿存運，也是會有錢儲存的，但是走祿存運的人比較保守，是不輕易會做投資的。

財運較差的年份是子年、辰年、未年、申年、酉年、戌年、亥年。這些

紫微在「卯」的命盤格式運氣圖

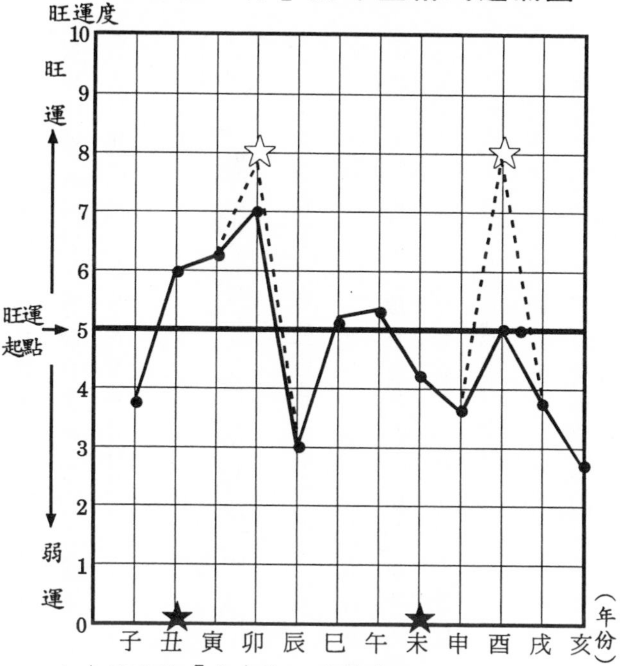

＊☆星點為『火貪格』的爆發點

＊★星點為『廉殺羊格』的凶點

天相(得) 巳	天梁(廟) 午	七殺(廟) 廉貞(平) 未	申
巨門(陷) 辰			酉
貪狼(平) 紫微(旺) 卯			天同(平) 戌
太陰(旺) 天機(得) 寅	天府(廟) 丑	太陽(陷) 子	破軍(平) 武曲(平) 亥

年份中，賺得錢少，而且破耗會增多，是不適合再投資想賺錢的，很多人往往在財運不濟時，才想賺錢，但是感覺到窮了，自然是財運不好，這時就是財運不濟的時候，要賺錢是辛苦而又賺不到什麼錢的，往往會更破耗，或有傷災引起破耗，此時是需要守財的了。

5. 『紫微在辰』命盤格式的人

『紫微在辰』命盤格式中的十二命格的人，以子年、丑年、寅年、卯年、辰年、午年、申年、戌年、亥年，為旺運年。財運順利，而且可以賺到很多的錢，但是戌年的破軍運是利於開創事物的流年運，在運程中還是帶有破耗性質。這一年，你也會賺不少錢，又喜歡投資，因此也損失了不少的錢財，賺賠兩抵，總結還是沒有什麼餘錢的。

弱運的流年運有：巳年、未年、酉年，這些年份中有兩個空宮弱運年和一個天梁陷落年，不過天梁陷落的年份，是不利於官運和讀書運，對於找一份固定工作拿薪資，或者是固守本業的人來說是影響不大的，只不過你不要隨便亂投資，便不會給自己帶來耗財的問題。

紫微在「辰」的命盤格式運氣圖

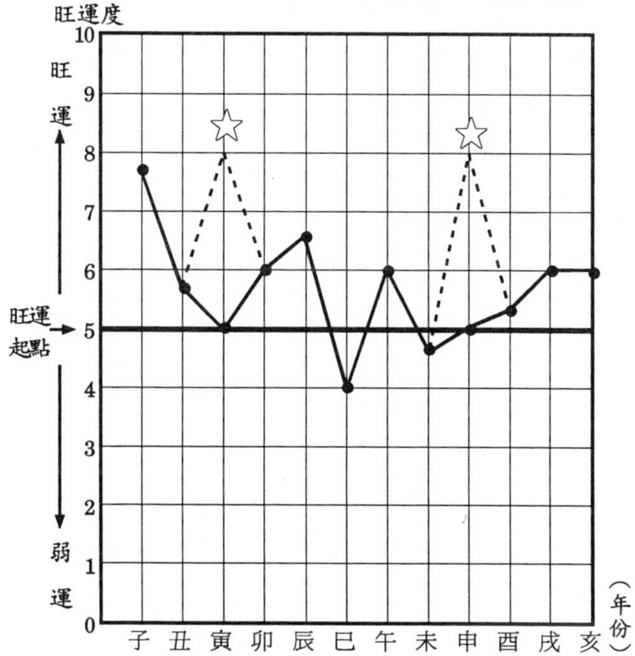

*☆星點是『火貪格』、『鈴貪格』爆發『偏財運』的點

天梁(陷) 巳	七殺(旺) 午	未	廉貞(廟) 申
紫微(得) 天相(得) 辰			酉
天機(旺) 巨門(廟) 卯			破軍(旺) 戌
貪狼(平) 寅	太陽(陷) 太陰(廟) 丑	武曲(旺) 天府(廟) 子	天同(廟) 亥

6.『紫微在巳』命盤格式的人

『紫微在巳』命盤格式中的十二種命格的人，以子年、丑年、寅年、巳年、未年、亥年，是較能賺到錢的旺運年。其中以丑年的武貪運和未年相照的武貪運，都是很強的暴發運，會賺到很多的錢，這就必然會參與投資了。但投資仍然需要小心。因為此命盤格式的人，會有很多年的空宮弱運，暴起暴落的速度很快。寅年的陽巨運，其實只是一般平順的流年運，承襲前一年的暴發運而平順過日子而已，是談不上有大賺錢機會的流年運。

弱運的年份有卯年的天相陷落運，辰年的機梁運、午年的空宮運、申年的空宮運、酉年的廉破運、戌年的空宮運。這些流年運程，會讓你找不到賺錢的方向，生活在茫然之中，只要固守本業，減少破耗，停止投資，便能一切平順而過。

紫微在「巳」的命盤格式運氣圖

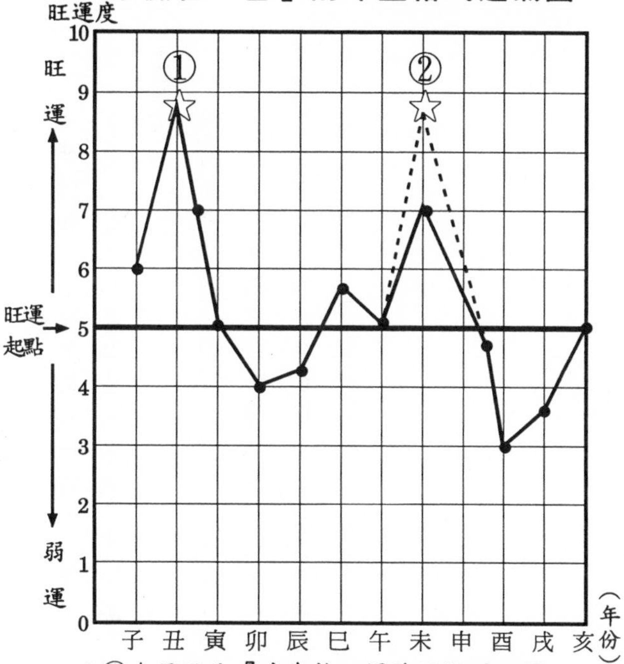

＊①☆星點為『武貪格』爆發的偏財旺運
＊②☆星點有火星、鈴星時的雙『偏財運』點

7.『紫微在午』命盤格式的人

『紫微在午』命盤格式中的十二種命格的人，以子年、寅年、卯年、辰年、午年、戌年、亥年為旺運年，是財運最好的年份，投資理財是一定大有所獲的。

弱運的年份有：丑年、巳年、未年、申年、酉年。在這些年份中，財運是不好的，『紫微在午』命盤格局的人，也以薪水階級為重，能固守本業，不要好高騖遠，後一年的旺運就會把這些弱運年給帶過了，因此在這些弱運年，謹慎守份，不要亂投資的人，便是最後的贏家了。

紫微在「午」的命盤格式運氣圖

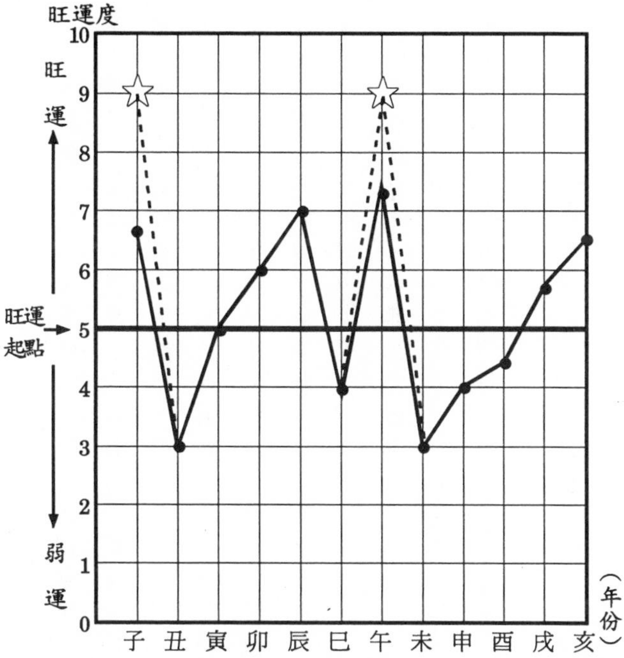

＊☆星點是『火貪格』、『鈴貪格』所造成的暴發運

天機(平) 巳	紫微(廟) 午	未	破軍(得) 申
七殺(廟) 辰			酉
太陽(廟) 天梁(廟) 卯			廉貞(平) 天府(廟) 戌
武曲(得) 天相(廟) 寅	天同(陷) 巨門(陷) 丑	貪狼(旺) 子	太陰(廟) 亥

8. 『紫微在未』命盤格式的人

『紫微在未』命盤格式中的十二個命格的人，以子年、丑年、寅年、辰年、午年、未年、酉年、戌年為平順較有餘潤的年份。其中子年賺得是口才和因是非糾葛而得到的錢財。丑年是錢財平順的一年。寅年的同梁運，只能稱得上小康。辰年是真正運氣較好，財運也略有起色的年份。午年時是因變化多機會多，而帶來平順的錢運。未年的紫破運，是表面好看，內裡仍有破耗、賺得多、花得多的運程。酉年的天府運和戌年的太陰運，才是真正能儲蓄錢財，好投資的年份。

在弱運年中，卯年的武殺運、巳年的空宮運、申年的空宮運、亥年的廉貪運都是財運拮据的流年運。有固定的工作，固守本業，好好做事，就能平順，此時不宜多想賺錢和投資的事情，因為那些都是天馬行空不實際的事情。

紫微在「未」的命盤格式運氣圖

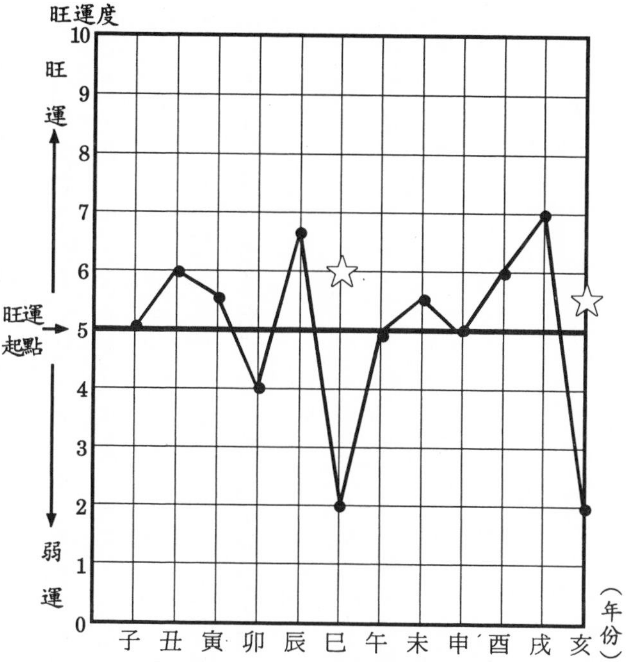

*☆星點為『火貪格』、『鈴貪格』所造成的『偏財運』旺度

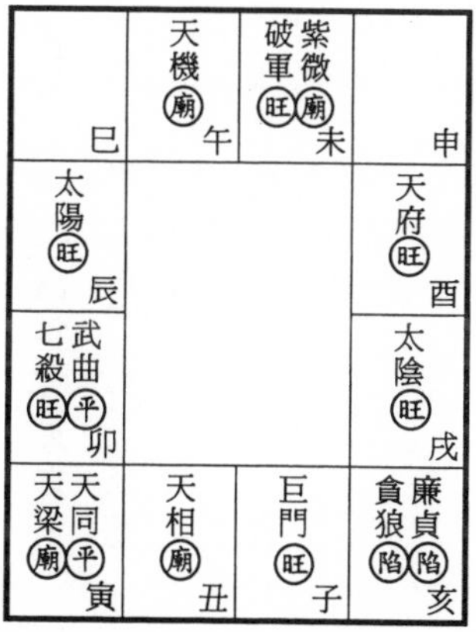

9.『紫微在申』命盤格式的人

『紫微在申』命盤格式中的十二種命格的人，以子、丑、寅、卯、辰、巳、申、酉、戌、亥年為旺運期，在辰、戌年會有『武貪格』的暴發運，會多得財富，因此一定會大力投資的。其他如子、丑、寅、卯、酉、亥年，其實運氣是旺運中較普通的小康流年運了。也可以做投資，但小心謹慎會更好。午年的破軍運是最喜歡投資、打拼的年份，但破耗依然很凶，是不能不注意的。

弱運年是未年的天機陷落運，此年萬事不宜，要固守本業不可投資，否則以前賺來的財富，都會在午、未年化做泡沫消失。

紫微在「申」的命盤格式運氣圖

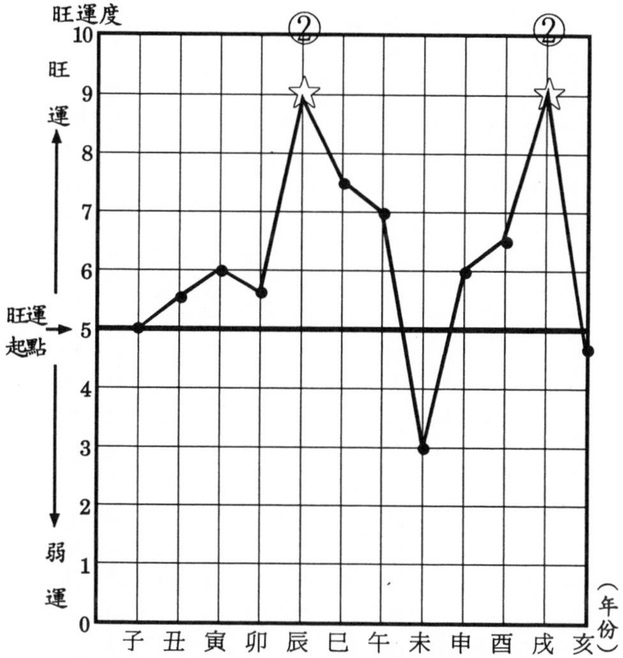

＊☆星點是『武貪格』所爆發『偏財運』的旺運點

＊②是『武貪格』加『火鈴格』所爆發的超級『偏財運』的旺運點

太陽(旺) 巳	破軍(廟) 午	天機(陷) 未	紫微(旺) 天府(得) 申
武曲(廟) 辰			太陰(旺) 酉
天同(平) 卯			貪狼(廟) 戌
七殺(廟) 寅	天梁(旺) 丑	廉貞(平) 天相(廟) 子	巨門(旺) 亥

10.『紫微在酉』命盤格式的人

『紫微在酉』命盤格式中的十二種命格的人，以子年、午年、未年、酉年、亥年為旺運流年，但是在這些稍旺的流年運中，只有未年的天府運，和亥年的天相運是能儲存一點錢財的好運年，像子年的天梁運和午年的太陽運皆是不主財，主事業順利的運程，而酉年的紫貪運稍微主好運，是非常平順易升官的運。倘若有火星、鈴星在卯、酉宮出現或相照。則形成『火貪格』、『鈴貪格』才會有暴發一點財富的機會。嚴格的起說來『紫微在酉』命盤格式的人都是薪水族的人，要精打細算過日子，才會有餘錢來投資。有『火貪格』、『鈴貪格』的人則是最喜歡投資的人了。但有此格局的人，就必會有暴起暴落的問題，因此投資也不一定會成功。

弱運年有丑年、寅年、卯年、辰年、巳年、申年、戌年。這些年份都是財運不順、或有些困難的年份，因此不會有太多的餘錢去投資，但是也要小心耗財、敗財的問題，以免吃虧上當。

紫微在「酉」的命盤格式運氣圖

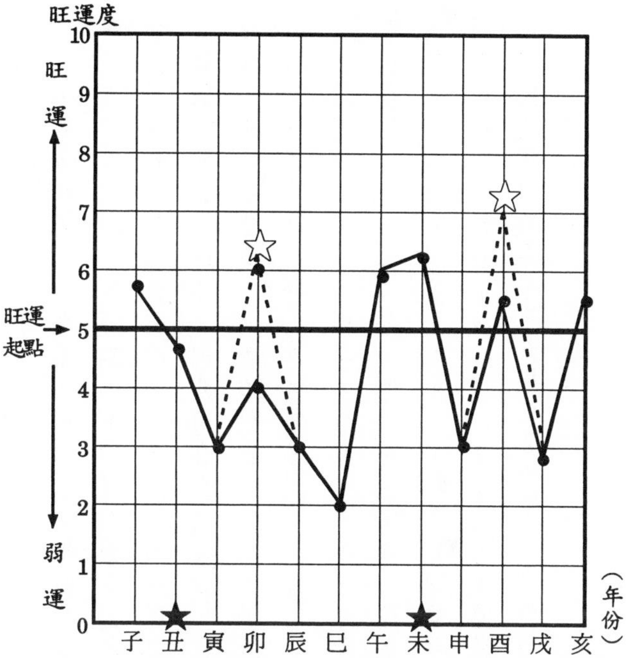

*☆星點為『火貪格』、『鈴貪格』所造成的『爆發運』
*★星點為『廉殺羊』、『廉殺陀』所造成的凶運

武曲(平) 破軍(平) 巳	太陽(旺) 午	天府(廟) 未	天機(得) 太陰(平) 申
天同(平) 辰			紫微(旺) 貪狼(平) 酉
卯			巨門(陷) 戌
寅	廉貞(平) 七殺(廟) 丑	天梁(廟) 子	天相(得) 亥

11.『紫微在戌』命盤格式的人

『紫微在戌』命盤格式中的十二種命格的人，在子年、寅年、巳年、午年、酉年、戌年是旺運期，其中賺錢最多的年份就是午年的武府運了。巳年的天同運和戌年的紫相運，不過是平順財運中的最高等級罷了。這是由薪水階級儲存而成的財運，因此適合另做投資，也一定會賺到錢，但不宜做大型投資，或好高騖遠、太急迫想賺到錢的大風險投資，因為天同運的財和紫相運所能得到的財，都是緩慢漸進的財，因此適合做長期投資的打算。

弱運年是丑年、卯年、辰年、未年、申年、亥年。這些年是賺錢不易、不適合投資的年份。丑、卯年是空宮運，運氣不佳。辰年是破軍運有破耗，未年的太陰財星陷落，財少。申年貪狼運居平，運氣不足。若有火星、鈴星同宮或相照，就會形成旺運。亥年的天梁陷落運，也是不主財，又耗財的年份，因此這些弱運年也是投資實力不足的流年運。

紫微在「戌」的命盤格式運氣圖

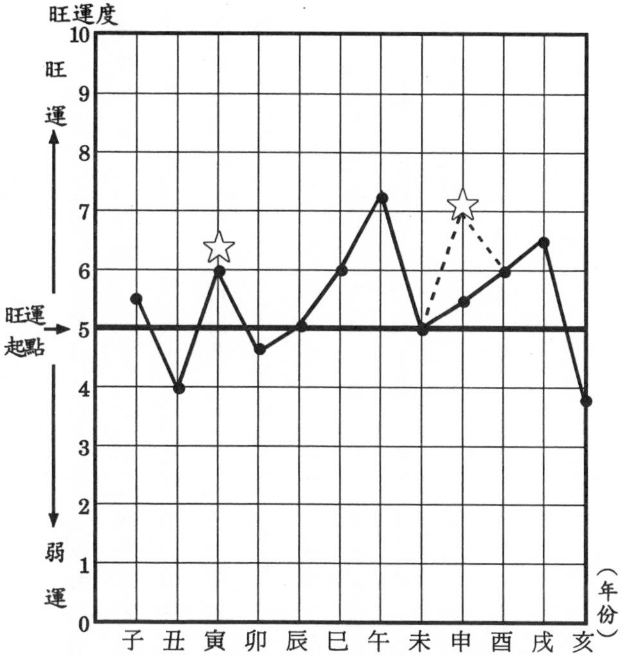

*紅色星點是『火貪格』、『鈴貪格』所爆發『偏財運』的旺運點

天同(廟) 巳	武曲(旺) 天府(旺) 午	太陽(得) 太陰(陷) 未	貪狼(平) 申
破軍(旺) 辰			天機(旺) 巨門(廟) 酉
卯			紫微(得) 天相(得) 戌
廉貞(廟) 寅	丑	七殺(旺) 子	天梁(陷) 亥

12 『紫微在亥』命盤格式的人

『紫微在亥』命盤格式中的十二種命格的人，在丑、巳、未、亥年是旺運年，其中未年是『武貪格』暴發運的年份，會多得不少錢財。丑年因是『武貪格』相照的流年運，也因此得利，倘若有火星、鈴星在丑宮，會暴發更大的偏財運，丑年的財運也會和未年一樣多了。因此像是天府、紫殺這些稍為不錯的好運流年反而能無法和丑、未年的武貪運來相提並論了。

弱運部份是子年、寅年、卯年、辰年、午年、申年、酉年、戌年。這些年都是不主財的年，甚至像卯年的廉破運還是極端破耗的年份，這個流年要小心別人會倒債，欠錢不還，或是自己不小心賠本破耗。因此這些年份是不適合投資理財的。

紫微在「亥」的命盤格式運氣圖

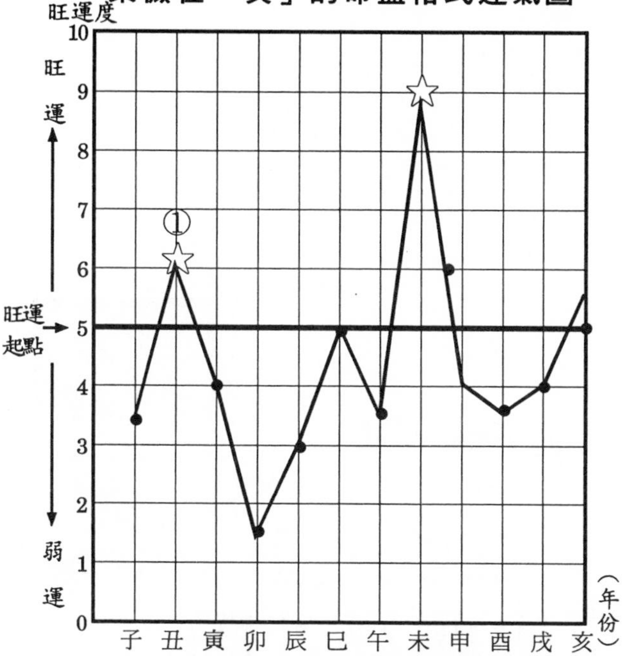

＊☆星點為『武貪格』爆發『偏財運』的點

＊①☆星點為有火星、鈴星的『雙偏財運』格的點

天府(得) 巳	天同(陷) 太陰(平) 午	武曲(廟) 貪狼(廟) 未	太陽(得) 巨門(廟) 申
辰			天相(陷) 酉
廉貞(平) 破軍(陷) 卯			天機(平) 天梁(廟) 戌
寅	丑	子	紫微(旺) 七殺(平) 亥

第五章　何時是投資理財的好時間
（包括買賣股票、期貨的最佳賺錢時間）

前一章講得是流年上的賺錢時機，當然流月也可以套在每個宮位上來用。現在這一章講的是流時的關鍵時刻。

流時的關鍵時刻，其實在我們的人生中也是非常重要的。我在『如何算出你的偏財運』一書中曾經說到，偏財運的形成就是要靠三種條件促合而成，例如說在流月、流日、流時，三個條件，運氣運行而交會時，你就有偏財運了。若再逢流年是偏財運年，發財就更大了。若再逢大運也是行偏財運的宮位，就會發生你人生中最大的一次偏財運。所以說在時間上的關鍵切合點中，是少不了『時辰』這個重要關鍵點的。它就像一個在時間、空間裡的經緯度，大運、流年、流月只是一個逐漸縮小的範圍，而流日和流時才是一條是經，一個是緯，兩相交叉，而形成一個點。這個點必須是有用的點，是進財賺錢的點，亦或是偏財運的點，更可能是升官、名聲四揚的點，這才有用。

倘若這個時間的交叉點，是耗財的點（有破軍），是懶惰的點（有天同居平、太陽居陷），或是是窮困的點（有太陰陷落、天機陷落），那你在這個時間要去買賣股票，或做期貨生意，就常常是做出不明智的決定，賣早買晚，賺不到您想要賺的錢了。

做股票生意的人，在台灣目前的股市是早上開盤的，從早上的九點鐘到十二點鐘正。因此做股票的股票族就必須是巳時、午時是旺運時間，也就是命盤中的巳宮和午宮有財星和吉星居旺存在。再把握流日的吉凶、流月的吉凶、流年的吉凶，就是可以算得出賺錢多少的好時間了。倘若以後台灣的股票市場可以開到下午，而許多人的命盤中是未時、申時不錯的人，又可利用這個時間了。在海外地區的人，也是一樣，以當地的股票市場營業時間為主，再將自己命盤中找出會營業時間的宮位，總離不開巳時、午時、未時和申時，就以自己命盤中的巳宮、午宮、未宮、申宮來看，看那一個宮位是有財星（包括武曲、太陰居旺），吉星（包括天府、天相居旺、太陽居旺、天梁居旺、天同居旺）以及紫微等星，就可以下單投資或者是賣出獲利了。

※這裡必須要注意非常重要的一個觀點，就是流時是必須跟著流日走的，流日又必須跟流月走，流月又跟著流年走，流年又跟著大運走。也就是說必

須是流日好、流時好才有用。流月是賺錢的月，再配合流日是賺錢日，流時是賺錢的時刻，那肯定在那個時間內是大進財的。但是流月好又必須流年要好，你整個的財富才會多，投資理財才會做出漂亮的結果來。當然若是大運再好，就更錦上添花，美不勝收了。

倘若你想在台灣做股票，但是巳時、午時並不是你命盤中的好時辰，那怎麼辦？那你就要非常注意流日的吉凶和流月的吉凶，以及流年的吉凶了。

流年的吉凶就像你自己本身的財運大環境一般，倘若流年走財星居旺，或有紫微、天府、天相這些和理財有關的星曜在流年中，流月同樣也是這些星曜的人，也是可以在又具有流日好的日子裡買賣股票或做生意的。

倘若流年就不好，你心裡就要明白，是不可能今年會賺到很多錢的了。倘若再加上流月不好，根本就不能投資了，就算流日好也沒有用，那只是平順過那一天的吉兆而已。因此在投資時間的選擇性上來講，似乎流月、流日更重要。其實是每一個環節都很重要的。要想多賺錢財、財富的人，就必須事事把握才會成功。

期貨投資的時效性

期貨市場都在歐美地區，若你是一個台灣的投資人，期貨開市時，都是台灣的夜間時段。那你就必須是子、丑、寅這幾個時辰是居旺居廟的時間，還最好是財星居廟、居旺的時間。例如『紫微在辰』命盤格式的人，子宮有武府、丑宮有太陰居廟、寅宮是貪狼星，就很適合做期貨生意了。

倘若你是住在海外地區，如美、加、歐洲、紐西蘭、澳洲、中南美洲的朋友，就要以當地的時間來看期貨開市的時間、時辰，因為有時差的關係，還是要以自己身處的所在地的時間，再配合期貨開市的時間，算出相當的時辰，就可以為自己理財了。

現在將每一個命盤格的人，適合投資股票或期貨的美好吉時公佈一下。

適合投資股票、期貨的好時辰

（這個部份是以目前台灣地區時間為主來做的時間表，中國大陸地區、新加坡、馬來西亞等國的朋友也大致可用，但主在歐美、澳紐等地區的朋友，要以當地股市、期貨市場開市時間為主）

1.『紫微在子』命盤格式中的十二種命格的人

巳時：是太陰陷落，無財，不可投資買賣。

午時：是貪狼居旺，是買賣股票的好時間，一定有好運，可以買得便宜，賣得高，可大賺一筆，而且可能是意外之財。

子時：是紫微星，可投資期貨買賣。

丑時：是空宮，有同巨相照，是不可投資和買賣的時間，不吉。

寅時：是破軍，不可投資，有破耗。

2.『紫微在丑』命盤格式中的十二種命格的人

巳時：是廉貪俱陷落，財運極差，不可投資買賣。

午時：是巨門居旺，可在混亂中得財，但要資訊靈通，多用口舌去打聽一下行情，可買賣。

子時：是天機居廟，若掌握行情的變化，可買賣，事情有好的轉機。

丑時：是紫破，不可投資買賣。會有破耗，兩相抵消，沒賺錢。

寅時：是空宮，不可投資買賣。

3.『紫微在寅』命盤格式中的十二種命格的人

巳時：是巨門居旺，在混亂中得財，要資訊靈通，或打電話給你的股票經紀人諮詢一下，可買賣。

午時：是廉相，必須小心謹慎觀望一下再買賣。

子時：是破軍居廟，有破耗，不可買賣期貨。

丑時：是天機陷落，不可做投資買賣。

寅時：是紫府居廟旺，是投資的好時機，一定會賺錢。

4.『紫微在卯』命盤格式中的十二種命格的人

巳時：是天相得地，可投資，但你會小心謹慎，買比較保守安全的股票，賺錢不多。

午時：是天梁居廟，可投資，有貴人相助，但賺錢不多。

子時：是太陽陷落，不可投資買賣，有破耗，會因運氣不好，看不清前景而遭損失。

丑時：是天府居廟，可投資，但保守、穩紮穩打會贏。

寅時：是機陰，財運在變化中趨佳，可投資買賣。

5.『紫微在辰』命盤格式中的十二種命格的人

巳時：是天梁陷落，不可投資或買賣，會有虧損破耗。

午時：是七殺居旺，做得很辛苦才能賺到錢。因此此日必須是財星居旺的日子，再用此時去買賣股票才可賺錢。

子時：是武府，適合投資買賣期貨，一定會賺大錢，更要找流日、流月好的三合一時間來投資，賺錢更多。

丑時：是日月同宮，太陽陷落，太陰居廟，適合投資，不要買賣官股或與政府機構有關係的股票、期貨，如金融股等。其他類別的可賺錢。

寅時：是貪狼居平，有一點好運，可買賣期貨小賺一筆。

6. 『紫微在巳』命盤格式中的十二種命格的人

巳時：是紫殺，可買賣操作股票，景況雖好，但仍須操勞不斷，必須自己親自盯著它，才會賺多一點錢。

午時：是空宮，有同陰相照，錢似有非有，不適合投資買賣，會有閃失虧損。

子時：是同陰居廟旺，可買賣期貨，自然得利，買什麼賺什麼，更要把流日看好才會賺錢，流年、流月更好的人，是大賺錢的時機。

丑時：是武貪，有偏財運，一定要快速買賣操作，快買快賣可掌握最佳財運。在流日、流年同在一起逢到武貪格，是肯定會賺到極大財富的。

寅時：是陽巨，可買賣期貨，但要資訊靈通，在帶點混亂的時機中更能賺一點錢，但賺錢不多。

7. 『紫微在午』命盤格式中的十二種命格的人

巳時：是天機平，機會不佳，不可投資買賣。

午時：是紫微居廟，可投資買賣股票，以官股、政府經營的公司股票、金融業的股票、價格高的股票、股王為最可投資的股票，一定會賺錢。此時最好還要找到好的流日、流月才行。

子時：是貪狼居旺，有錢財上的好運，可投資，但必需是快速操作的股類，快買、快賣會賺到錢。

丑時：是同巨，不可操作、投資或買賣，運氣不好，會耗損。

寅時：是武相，可買賣投資操作，速度慢一點較可靠，會賺錢。

8.『紫微在未』命盤格式中的十二種命格的人

巳時：是空宮，有廉貪相照，運氣極差，不可投資或買賣，有虧損。

午時：是天機居廟，可投資，但景況變化大，必須有資訊靈活，應看準時機再進入買賣。

子時：是巨門居旺，可在混亂中得財，必須消息靈通，多費點口舌去詢問別人，可投資。

丑時：是天相居廟，可投資買賣，此時你會穩重保守，一定會賺到錢，但不會是最大期望的數目。

寅時：是同梁，此時你比較懶，投資了以後便不管它，因此賺賠都不多，最好別投資。

9.『紫微在申』命盤格式中的十二種命格的人

巳時：是太陽居旺，很可以投資，有好運，會賺錢。
午時：是破軍居廟，此時你自身很喜歡操作股票，買進賣出很賣力，但有破耗，不宜操作，會有虧損。
子時：是廉相，此時你態度保守，會觀望很久，不一定會投資或買賣。
丑時：是天梁居旺，可投資，但不主財，有貴人助，只可小賺而已。
寅時：是七殺居廟，必須很辛苦的親自看管操作才會賺錢。

10.『紫微在酉』命盤格式中的十二種命格的人

巳時：是武破，不可投資買賣股票，賺不到錢且虧損很大。
午時：是太陽居旺，可投資買賣，運氣和機會都很好，可賺到錢。
子時：是天梁居廟，可投資，有貴人相助，但賺錢不多，小賺而已。
丑時：是廉殺，不可投資期貨，必須辛苦勞破的緊盯著它，但仍因技術與專業知識不足而虧損。

寅時：是空宮，有機陰相照，不可投資買賣，無錢可賺。

11.『紫微在戌』命盤格式中的十二種命格的人

巳時：是天同居廟，可投資買賣股票，但需投資保守型、飆漲幅度不快，有點慢的股票，或者做長期投資，會賺錢。

午時：是武府，可大量投資買賣，可賺到大錢。投資型態是穩重、保守，可算出得利多少的股票，更是以金融股、高科技股為主流的投資。

子時：是七殺居旺，必須辛苦看牢，才會賺錢，但所賺之錢只是一般的財運。

丑時：是空宮，有日月相照，不可投資買賣，無財可進，有耗損。

寅時：是廉貞居廟，必須在好好經營企劃之後可投資買賣，才會賺到錢。沒有做好計劃和計算的人，是賺不到錢的。

12『紫微在亥』命盤格式中的十二種命格的人

巳時：是天府居得地之位，可投資，但保守，投資金額小，可賺的也少。小做一番是很好的。

午時：是同陰居陷，不可投資，會耗財損失，無財可進。

子時：是空宮，有同陰相照，不可投資，運氣不好，財運困難。

丑時：是空宮有武貪相照。若空宮中有火星、鈴星，可投資，並可快速的大賺一筆。若空宮中是擎羊、陀羅、劫空或根本沒有星，則不可投資買賣，有破耗虧損。

寅時：是空宮，有陽巨相照，不可投資，財運不好，會有耗損。

第六章 如何減少耗財和理財禁忌

本命裡耗財多的人，其實他們都不承認自己耗財，也很少有人會承認自已不會理財，他們只是認為錢不夠花，存不住。有些人甚至連本身的財運會發生困難也弄不清楚是什麼原因？大概是賺得太少了吧！

事實上絕大多數為錢煩惱的人，都是對錢沒有精確數字，不瞭解自己一個月的開銷究竟有多少？也不瞭解自己參加投資以後到底多久會回收，回收的利潤、利率又有多少？很多人都是好大喜功的在過日子。

理財就是管理錢財。要把錢財愈管愈多，才叫『理財』。倘若愈管愈少就叫『耗財』，而不是理財了。

在亥年時，有一位紫殺坐命的婦人來找我看何時還有偏財運。我說：『你未年已經發過啦，為什麼還急呢？難道你沒有做準備措失，把錢都耗光了嗎？』

她告訴我，未年也確實有暴發運，突然有好機會，別人都來找她打會（自助會），一下子聚資有上億那麼多。有這麼多現金也很可怕，所以她就轉投資到很多生意上，可是好景不長，在酉年（雞年）時，很多生意都相繼垮了，錢也收不回來，自助會也倒了，天天有人上門討債。拖到亥年，還剩下二千多萬元的欠債，她真是好希望再有一次偏財運的機會來反轉逆勢呀！

從命格來講，紫殺坐命的人是技術格的人，多半是薪水階級。某些人也可做生意，但這個生意必須是自己親身投入，身體力行，勞碌辛苦去經營才會漸漸有好的成績。根本不可能只是靠投資錢財，放著讓別人管，就可以賺到錢的，這種方法就是注定要失敗、產生破耗的方法。

偏財運有暴起暴落的特質，而且也不是想要暴發就有暴發機會的。紫殺坐命的人在卯、酉年都有難關，就是破耗的難關。破財、敗財就在這兩個年份了。其他的年份又都是些空官和不主財，財少的年份。因此暴發偏財運之後，守不住財的人，便會更形困苦。再加上此人的丑宮並沒有火星、鈴星可形成『雙重暴發運』，因此丑年所能得到的偏財運少，是沒辦法像未來一樣有那麼好的機會的。

在自己命盤格局中圈點出財少、不進財、及破耗的宮位。確實瞭解自己的命理格局，就可以找出會破耗的流年、流月來加以預防了。流年很容易看得出來，辰宮裡的星就是辰年的流年運星。巳宮裡的星，就是巳年的流年運星。辰宮有太陰星的人，或巨門居陷位的人，辰年就是破耗、比較窮、財進得很少的年份。巳宮有太陰、天機、武破的人，巳年也是財運不順的人。辰宮有破軍星的人，在辰年，是工作努力奮鬥，但支出仍大於收入，有破耗不聚財的煩惱。

所以先找出不進財、有破耗的年份，充份的瞭解它是什麼原因所造成的破耗，就能採取對策，預先做好防範。在前一年或前二年開始做儲蓄計劃，把這份錢財留到財運弱的時候用，自然就可平安度過困厄期了。

可是有些人會說：我根本存不了錢，一有錢便有事，乾脆不存錢了！『一有錢便有事』，這是推延的說法。沒有錢，事會更多。要是一下子流年不利，有了傷災，沒法子工作，或遇到不景氣，老闆裁員，那就更糟了。通常窮的人，都會交些窮朋友，到那時候，你可向何處借錢呢？縱使你也會有些富朋友，但是對於一個常來借錢的人，如何會不怨懟呢？沒有錢，就沒有自尊，低聲下氣的人，日子是很難過的。難道你沒看到災變中的難民，見到來巡視的官員，下跪乞求憐憫，但是體恤的送達卻不是那麼快和如人之所願的。因此每個人都要靠自己找財路，靠自己理財，才會有最直接，最有效果的金錢報酬。

減少耗財的方法

減少消耗金錢，其實就等於是把錢財多一點留在我們身邊了。當然我們身邊的錢就會多起來，所以減少耗財實際就是『理財』觀念最實際、最重要的一門學問了。方法有很多，但總不外乎下列幾種方法：

一、要有數字觀念。常把事物數字化。以繁化簡。確實的知道自己的總收入有多少，花費有多少。

二、要養成記帳的習慣。有記帳的習慣，同時也能檢討自己在生活上的疏失。更可以為自己列下目標來努力奮鬥。

三、不要隨便聽別人的街頭巷聞便投資，也不可因面子問題，不好意思而投資，這兩種狀況，都是埋下日後虧損的伏筆。

四、不要貪便宜，因小失大而購物。

五、不要隨便借貸，要養成把財務整理清楚的習慣。薪水族的人更要規劃出每日可花費的金額，不要超出。剩餘的就趕緊存入銀行中。

六、養成儲蓄的習慣。手頭太鬆了，可參考郵局或銀行、壽險中有定期定額儲存的方式來存錢。

七、錢一定要存在銀行、郵局、金融機構中，不要放在家裡和身上，以免花掉。

八、用信用卡購物時，必須小心謹慎，不要超支。信用卡機構的利息是很貴的，小心成為第二次負債。

九、不要隨便參加自助會，或以會養會，這些方法都是周轉的方法，並不見得會真正能儲蓄到錢財，更可能產生風險而失財。

十、命格中不是做生意的人，就不要輕易嚐試做生意，以免勞命傷財。

十一、投資股票時，要找到自己財星運旺、好運旺的時候再行買賣。

理財禁忌

我們可以看到天府坐命和天相坐命的人，這兩個命格的人很會理財。而這兩個命格的人共同的性格特徵就是保守、謹慎，計較（算得很清楚），對錢財小氣。

所以說理財禁忌的第一點就是太大方了。有些人是對自己大方，有些人是對別人大方。對自己大方的人是自私的人，會令人討厭。對別人大方的人是人緣很好的人，但兩種人都是不明智的人。也必然全在命理格局中出現一些有瑕疵的星曜來產生破耗的。

理財的第二點禁忌就是太衝動。命格中有『武貪格』、『火貪格』、『鈴貪格』的人，非常衝動，他們也因為有衝動的特因而得到偏財運，但是也因為衝動而暴起暴落。性格太衝動的人，都是思慮不夠周詳，不夠謹慎的人，同時大多是大膽豪放的人，這樣也會在命理格局上顯露出來。限制衝動，多思考就非常重要了。

理財的第三個禁忌就是糊里糊塗，避談金額數字，或是故意把金額數字誇大或減少，以期減少自己的心理壓力。這個問題是多數理財能力不好的人會做的事。對數字的敏銳和準確性是理財能力是最重的一環，若是為了減輕自己心理壓力，而謊報數字，或以模糊的數字觀念來做事的人，其財務的真正狀況都是有問題和乏善可陳的。因此要理財成功，就是要真誠的對待自己，把確實的金錢數字，不論是收入或支出，都要給自己一個交待，輜銖不差，才會理財成功。

第七章 如何尋找改變人生財運的影響力

可以改變人生中財運的方法有很多種，一般人會用風水、方位、做法事，掛吉祥物來增財。其實人在感覺財運不濟時，是一切都已太慢了！來不及了！於是只有硬著頭皮到處找改運的方法。到處請人批命、做法，但是算命先生和做法的法師依然要你等，再等三個月才會改觀應驗，三個月有一百天耶！也是好長的日子啊！

其實你只要把自己的命盤，和命理格式搞得很懂，自然可以把自己的命格提高，而且自然能掌握到時間上的切合點，來為自己增財。很多事情是必須要有計劃的、精準的、有效率的來做的，並不是能揚著臉，傻兮兮的，等到財運不佳時，才到處求人批命，算卜，做法事求改運，就可改得了的。

以前我常說，運氣是一種會流動、會運行、會跑、會循環轉動的東西。它自己會運轉流動，就像太陽、月亮會移動是同樣自然的東西，也應該是屬於科學的東西。只要你能把握它轉動的定律，自然就會瞭解財富會在什麼時候來得多，又會在什麼時候來得少了。

紫微格局看理財

每一個人都必須瞭解自己命宮中的主星之成份是什麼？也必須瞭解命理格局的成份是什麼？這就是本書一開始我先以每個人的『命、財、官』來分析命理格局的原因。『命、財、官』中的星曜就代表著每個人的命理架構和成份。倘若『命、財、官』中的財星較多又旺，又有會理財的星，其人可擁有的財富多，可管理的錢財就多了，生財是比較容易的事，同時也較少有金錢煩惱。

如果『命、財、官』中的財星少，又在陷落之位的人，自然可管理的財富少，若又是命宮位處『紫微在巳』、『紫微在亥』命盤格式的人，命盤中空宮多又相連，財運困難的情形就會常見了，這就要謹守分紀，不要有太多發財的妄想，用心工作，努力把自己的財運打平，整理清楚，節儉過日子，減少消耗，順利的時候仍是可儲存一點錢財，慢慢的，到老的時候也會有錢。

命理結構是非常重要的，也就是『命、財、官』三個宮位是非常主要的架構，而『夫、遷、福』三宮位是次要的架構。當『命、財、官』中有空宮時，『夫、遷、福』宮位中的星，就會反照回來，而主持大局了，但是這種反照的力量究竟是有限的，薄弱的。是不如本宮中有星，再加上反照過來的力量，形成雙倍有力的力量。因此『命、財、官』中有一個空宮，就像房屋塌陷了一角。有兩個空宮，房屋就半邊傾頹了，想振作就比較難了。

另外要看命理結構，要看『命、財、官』中的星曜是那一類的星，若是武曲財星又在中等以上合格之位（武曲單星居廟位。武相同宮，武曲在得地合格之位），就是可以做生意，賺大錢的命格。若是太陰財星，就是必須儲蓄，做薪水階級，緩慢主富的人。

有一位朋友請我替他找命中的財，他是天同化祿、太陰坐命子宮的人，財帛宮是空宮，官祿宮是天機化權、天梁、陀羅、地劫。

同陰坐命的人，一向都是天生自然而得財的，由其天同又化祿，自然生的財較多。主自然得到財的人，多半是從公職或薪水族的人，從父母處或薪水積蓄而得財。但是這位仁兄，卻在做五金買賣的生意。此人的財帛宮又是空宮，手邊可運用的錢少，因此要常常為錢操心了。遷移宮又有擎羊星居陷，外面的環境對他來說是爭鬥激烈，而讓他心煩的世界。這也是一個每日喜歡操煩而小心謹慎，愛用腦力的人，這顆擎羊星實際也直接傷害了天同化祿這顆帶祿的福星。

官祿宮代表的是做事的智慧和賺錢的能力。他的官祿宮有天機居平化權、天梁、陀羅、地劫。表示此人愛做主、愛做老大，常常又想得多，東想西想的，常因拖延而讓事情泡湯了。機梁不主財，化權因天機居平而沒有力量。陀羅和地劫只會把事情弄糟。而且陀羅星帶有愚笨、想法不切實際的智慧。地劫主因外來的事物而使機會消失。由此人的命理格局中就可看到本命的天同化祿和太陰、福星和財星都被擎羊所傷害了，財官又無財星，當然在賺錢能力上是大打折扣的了，要想賺大錢，先靠本命中的財星是不夠的，必須減少擎羊星的影響力，再用流年運來增強，才能賺到自己想要的大錢。

減少羊陀對自己命格的影響力就是改變人生財運的方法之一

很多人不聚財或賺不到很多錢，都是受到擎羊星和陀羅星的影響，很多人表面上看來命盤格局很好，有旺星、也有財星，但往往不是擎羊、陀羅二星分別在福德宮命宮或遷移出現，就是在財帛宮或官祿宮、夫妻宮出現。『命、財、官』和『夫、遷、福』，其實是互為表裡的，只要羊、陀共同出現在上述六個宮位中，此人就一定是煩惱不斷，愛用腦子想事情，用腦過度，常鑽牛角尖，非常敏感，容易懷疑和防範別人。但是擎羊和陀羅在處事上的角度不同。嚴格的說起來，有擎羊星在命宮、福德宮、遷移宮的人，是極為陰險的人，會暗地偵察別人，預設計謀，想得多、做得到，而且有報復心理，倘遭別人反對而排斥，他會先忍耐下來，等日後自己腳步穩健了再報復，那時態度就很狠毒了。而且此人心思細密，很記仇、非較計較，記憶力又好，所有丁點小事的不愉快全記得，逐漸累積，等到時機來臨便採取行動。

有陀羅星在命宮、福德宮、遷移宮的人，也愛計較、容易仇恨人，也會報復，把心思藏在心底，而把自己弄得很不愉快，但他們的心思就不夠細密，常常不小心就顯露出來，或在時機不對時就衝動的報復，又容易受人挑撥離間，把自己更陷於萬劫不復的境地。在旁觀者看起來此人是愚笨而不智的。其人的想法也是扭曲、不正常的。

有羊、陀在『命、福、遷』的人，常因想得太多，而有些是不實際、不真實的事情和情況，所想的情境常常也不一定會發生，真是太多想、多慮了。因此傷害了本身的福德，也影響到進財，造成某種程度的困難度。所以，有羊陀在『命、福、遷』的人，一定要練習強逼自己少想一點，多運動，不愉快的時候，趕快離開現場，到別處轉一圈或跑跑步，把不愉快的思緒打斷，減少殘留在腦海中的記憶，不要把自己一直困在不愉快的情緒中，自然可減少羊陀對自己的影響力了。這也就是說，有擎羊在『命、福、遷』的人，就要讓自己笨一點，有陀羅在『命、福、遷』的人，就要讓自己聰明一點。吃點小虧，來保一世太平，也保住自己命中的福祿了。如此，自然錢財福祿就會快點到手了。

找出自己命格中第一強勢宮位好好經營，就是改變人生財運的企機

還有一位貪狼坐命辰宮的朋友來找我幫忙看財運。貪狼坐命辰宮原本是非常強勢的命格，此命格和總統府資政吳伯雄先生是具有大致相同的命理格局的人。但是這位朋友的命宮中尚有陀羅、地劫、天刑等星。福德宮是廉相、擎羊，如果一來，這個每日操煩的人，在財運上也沒有那麼好了。

當我第一眼看到這位朋友時，從他圓圓的頭顱和略寬的臉頰相貌上，一眼就看出陀羅星在此人身上、性格所顯示的特徵是非常強烈的。也就是說此人受陀羅的影響很深。

貪狼坐命的人，年青時身材、外貌都非常俊俏、挺拔，中年以後才會漸漸發福。這位朋友外表也英俊瀟灑、體型較壯，已經三十四歲了還未婚。他是來詢問辰年有無暴發運的事情。本來此人有『武貪格』暴發運，辰年的流年又行運到辰宮，是貪狼、陀羅、地劫、天刑的運，這是一個破格。辰年並

不會有什麼暴發運，戌年還有可能在錢財上多得。因為辰年有陀羅、地劫，就會因外來事物的影響，或者是拖延，或者是因思想上的偏差，而使暴發運成空。這個問題實際上也是因本人的思想行為所造成的，而漏接了偏財運。

在此人命格中最好的一個宮位就是夫妻宮，是紫府。其身宮又落在夫妻宮。我告訴他：早點結婚，才會有人幫忙儲財，才會有財富。而且他的配偶肯定是個家世好，家道不錯的大家閨秀。他一輩子的財就要靠妻子來幫忙完成了。

本來貪狼坐命的人，都是不會理財，耗財多的人，很浪費，又沒有理財觀念，他的財庫就在配偶那裡。同時他又非常好命，會擁有幸福的婚姻生活。而這個配偶就是又能幫他理財積富，又能使他感情穩定順暢的人，所以貪狼坐命的人，一定要早點結婚，才能存到錢而主富。但是貪狼坐命的人幾乎是晚婚的人，因為他們怕人管他、接受約束。貪狼是顆流動很快的星曜，因此貪狼坐命者，思想和做事速度都快。情感模式也是游離、閃爍、不肯輕言下注。他不喜歡得罪人，但也與人保持不深入的交情。因此要進入感情世界也是極不容易的事。

這位仁兄命宮裡還有陀羅、地劫。福德宮裡還有擎羊星，想得就更多了。

他告訴我說：他覺得他的人緣不好，女孩子會躲著他，我說：那怎麼會呢？貪狼星本來就是交際手腕高、人緣好的星，在人際關係這方面，應該是比別人強得多的了。一定是你多想了吧！

他說：在公司中有一些同事是女的，他的上司也是女性，但是對他很冷峻嚴厲，讓他很灰心。我說：趕快打通關節，送點小禮物什麼的，讓彼此感情融洽一點，工作也才能愉快呀！

他說：這個，他也做過，他買了一束花送給女上司，可是她把花給丟了。這不禁讓我好笑了起來，心想這個陀羅星的影響力還真大呀！因此告訴他：送花的意思，是表示愛慕之意，對嚴峻的女上司一開始就送花，表示有非分想成為男女朋友的想法，當然會受到排斥，把關係搞得更壞了。一開始可藉出國洽公回來，帶點精緻美麗的小別針、小擺飾或是女用的高級小盒的化妝品、保養品，以高貴不貴的原則來選購禮品，讓受者不會有壓力才會接受。只要接受一次，以後慢慢就會對你改觀，而有交情了。這只是你選購禮物不得當而產生的後果。其實像巧克力糖也是代表男女關係的禮品，當你送給異性同事時，有的人會接受，有的人不接受，這就需要察言觀色了，這一點你是應該非常行的嘛！

他說他也是思前想後，才做的送花的決定。可見百慮還有一疏，既然想那麼多，還是沒用，乾脆就不要再多想了。用實際行動，拿出現代好男人的風範，等待機會，這位女上司總有受制於體力上，無法完成的事情，例如手上拿的東西多呀！幫忙開個門，等等的小事，處處表現出不計較，瀟灑體貼的風度來，久而久之，日久見人心，自然能化解彼此的不悅。

至於在結婚方面，時間到了，有緣人自然會出現，但是要勇於抓住機會，條件差不多的，就要奮力以赴了，不要再東想西想，躭誤了好時光。

貪狼坐命辰、戌宮的人，命理格局中都是以夫妻宮裡有紫府和遷移宮中有武曲財星為最佳的宮位。而前面那位同陰坐命的朋友，則是以命宮和父母宮有財星居廟，在命理格局中形成最佳宮位。

在每個人的命格中，那一個宮位是最好的，便要好好的經營那個宮位，例如父母宮好的，便要比一般人更孝順父母，情意深重。夫妻宮好的，要早一點結婚，夫妻和樂，相扶持相幫助。僕役宮若是在命格中為第一強勢的宮位，就要多放心力在朋友們身上，這些人就是能改變、增進你一生財運和其他運氣的重要關鍵了。

倘若你第一強勢的宮位在財帛宮或官祿宮，你肯定是會向錢財、事業積極經營，這是勿庸置疑的事。

倘若你第一強勢的宮位在疾厄宮這個閒宮，那你也要經營好『兄、疾、田』這組三合宮位中的兄弟關係和儲蓄的能力。這樣你也會得到財富的。就像天梁坐命巳、亥宮的人，『兄、疾、田』都很不錯，兄弟宮是紫相，疾厄宮是武府，田宅宮是廉貞居廟，在中年以後，也能漸積財富，有一點房地產了。

每個人在自己命盤中找出最強的宮位，再瞭解自己整個命理格式的概況，大概的也可估計出自己一生的財富有多少了。再從最強宮位相牽連的一組三合宮位去發展經營，財富就是會更形增多。

再加上要會精算流年，知道在那些財星居旺的年份努力，在那些較弱的年份減少消耗和省力。弱運時不須要用太多的力氣去投資打拚，有些人愈打拚愈消耗多，就像在破軍的流年年份裡，你會在冥冥中受一種力量的催促而打拚，愈打拚就愈消耗，這時你就要即時煞車，不要再往前衝了，要好好計算一下盈虧得失再出手。弱運年的時候是需要守成的。守得佳，能保有餘潤的人，到好運年再發動攻勢，好好打拚，就是名列前茅的贏家了。因此想要掌握自己人生運勢和命運是非常簡單的事，只要端看我們懂不懂得從何下手，和做不做得到罷了！藉此與讀者共勉之！

旺運寵物命相館

法雲居士⊙著

這是一本談如何為寵物算命的書。

每個人都希望養到替自己招財、招旺運的寵物，運氣是『時間點』運行形成的結果。

人有運氣，寵物也有運氣，如何將旺運寵物吸引到我們人的磁場中來，將兩個旺運相加到一起，使得我們人和寵物能一起過快樂祥和的日子。

讓人和寵物都能相知相惜，彷彿彼此都找對了貴人一般，這就是本書的目的。這本書不但教你算寵物的命，也讓你瞭解自己的命，知己知彼，更能印證你和寵物之間的緣份問題。

偏財運風水大解析

法雲居士⊙著

偏財運風水就是『暴發運風水』！
偏財運風水格局與一般風水不同，

好的偏財運風水格局會使人發富得到大富貴，邪惡的偏財運風水格局會使人泯滅人性，和黑暗、死亡、悽慘事件有關。
人人都希望擁有偏財運風水寶地，但殊不知在偏財運風水之後還隱藏著不為人知的黑暗恐怖面。
如何運用好的偏財運風水促使自己成就大富貴，而不致落入壞的偏財運風水的陷阱中，這就是一門大學問了。

法雲老師運用很多實例幫你來瞭解偏財運風水精髓，更會給你最好的建議，讓你促發，並平安享用偏財用所帶來的富貴！

如何創造事業運

法雲居士⊙著

人生中有千百條的道路，但只有一條，是最最適合您的，也無風浪，也無坎坷，可以順暢行走的道路，那就是事業運！

有些人一開始就找對了門徑，因此很早、很年輕的便達到了目的地，成為事業成功的菁英份子。有些人卻一直在茫然中摸索，進進退退，虛度了光陰。

屬於每個人的人生道路不一樣，屬於每個人的事業運也不一樣！要如何判斷自己是否走對了路？
一生的志業是否可以達成？地位和財富能否得到？在何時可得到？每個人一生的成就，在紫微命盤中都有顯示，法雲居士以紫微命理的方式幫助您檢驗人生，找出順暢的路途，完成創造事業運的偉大工程！

如何選取喜用神

上、中、下冊

法雲居士⊙著

(上冊)選取喜用神的方法與步驟。

(中冊)日元甲、乙、丙、丁選取喜用神的重點與舉例說明。

(下冊)日元戊、己、庚、辛、壬、癸選取喜用神的重點與舉例說明。

每一個人不管命好、命壞，都會有一個用神與忌神。喜用神是人生活在地球上磁場的方位。喜用神也是所有命理知識的基礎。

及早成功、生活舒適的人，都是生活在喜用神方位的人。運蹇不順、夭折的人，都是進入忌神死門方位的人。門向、桌向、床向、財方、吉方、忌方，全來自於喜用神的方位。用神和忌神是相對的兩極。一個趨吉，一個是敗地、死門。兩者都是人類生命中最重要的部份。

你算過無數的命，但是不知道喜用神，還是枉然。
法雲居士特別用簡易明瞭的方式教你選取喜用神的方法，並且幫助你找出自己大運的方向。

$一元起家能買空賣空的命格

法雲居士⊙著

景氣不好、亂世，就是創業的好時機！
創業也會根據你的命格型態，
有不同的創業方式及行業別，
能不能夠以『＄一元起家』，
輕鬆的創業，或做『買空賣空』的行業，
其實早已命中註定了！
任何人都可以運用自己的運氣來尋找
財富，掌握時間點就能促成發富的績效。
新時代創業家是一面玩、
又一面做生意賺錢的快活族！

納音五行姓名學

法雲居士⊙著

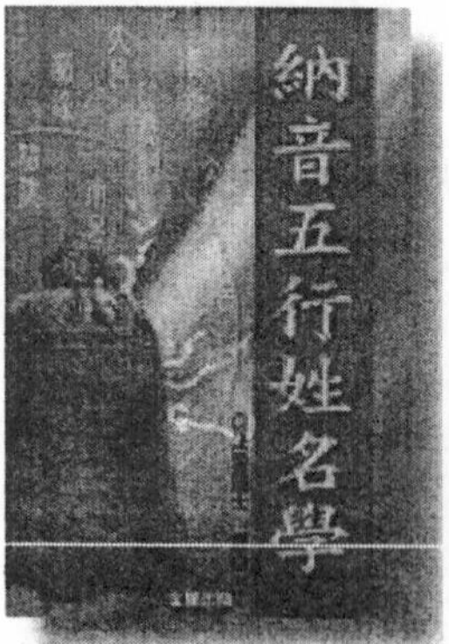

一般坊間的姓名學書籍多為筆劃數取名法，這是由國外和日本傳過來的，與中國命理沒有淵源！也無法達到幫助人改善命運的實質效果。

凡是有名的命理師為人取名字，都會有自己一套獨特方法，就是--納音五行取名法。

納音五行取名法包括了聲韻學、文字原理、字義、聲音的五行來配合其人的命理結構，並用財、官、印的實效能力注入在名字之中，從而使人發奮、圓通而有所成就。納音五行的運用，並可幫助你買股票、期貨及參加投資順利。

現今已是世界村的時代，很多人在小孩一出世時，便為子女取了中文名字、英文名字及日文名字，因此，法雲老師在這本書將這些取名法都包括在此書中，以順應現代人的需要。

你的財要怎麼賺

法雲居士⊙著

這是一本教您如何看到自己財路的書。

人活在世界上就是來求財的！財能養命，也會支配所有人的人生起伏和經歷。心裡窮困的人，是看不到財路的。你的財要怎麼賺？人生的路要怎麼走？完全在於自己的人生架構和領會之中，法雲居士利用紫微命理為您解開了這個人類命運的方程式，劈荊斬棘，為您顯現出您面前的財路。

你的財要怎麼賺？盡在其中！

紫微星曜專論

法雲居士⊙著

此書為法雲居士重要著作之一，主要論述紫微斗數中的科學觀點，在大宇宙中，天文科學的星和紫微斗數中的星曜實則只是中西名稱不一樣，全數皆為真實存在的事實。

在紫微命理中的星曜，各自代表不同的意義，在不同的宮位也有不同的意義，旺弱不同也有不同的意義。在此書中讀者可從法雲居士清晰的規劃與解釋中，對每一顆紫微斗數中的星曜有清楚確切的瞭解，因此而能對命理有更深一層的認識和判斷。

此書為法雲居士教授紫微斗數之講義資料，更可為誓願學習紫微命理者之最佳教科書。

簡易大六壬神課詳析

法雲居士 ◎ 著

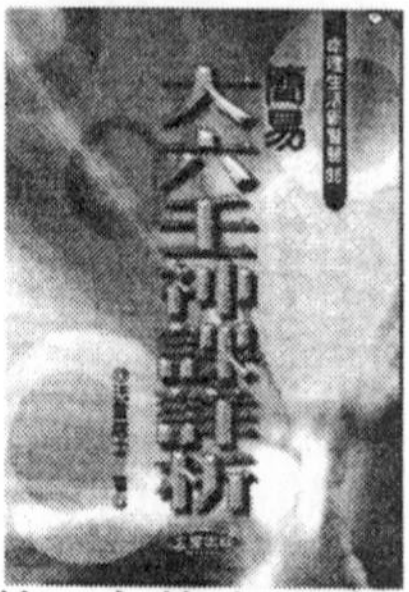

『六壬學』之占斷法是歷史上最古老的占卜法。其年代可上推至春秋時代。『六壬』與『易』有相似之處，都是以陰陽消長來明存亡之道的卜術。學會了之後很容易讓人著迷。它也是把四柱推命再繼續用五行生剋及陰陽等方式再變化課斷，以所乘之神及所臨之地，而定吉凶。

新的二十一世紀災難連連，天災人禍不斷，卜筮之道中以『六壬』最靈驗，但大多喜學命卜者害怕其手續煩雜，不好入門，特此出版此本簡易篇以解好學者疑義。並能使之上手，能對吉凶之神機有條然所悟！

紫微命理子女教育篇

法雲居士 ◎ 著

《紫微命理子女教育篇》是根據命理的結構來探討小孩接受教化輔導的接受度，以及從命理觀點來談父母與子女間的親子關係的親密度。

通常，和父母長輩關係親密的人，是較能接受教育成功的有爲之士。每個人的性格會影響其命運，因材施教，也是該人命運的走向，故而子女教育篇實是由子女的命格已先預測了子女將來的成就了。

如何觀命・解命
如何審命・改命
如何轉命・立命

法雲居士⊙著

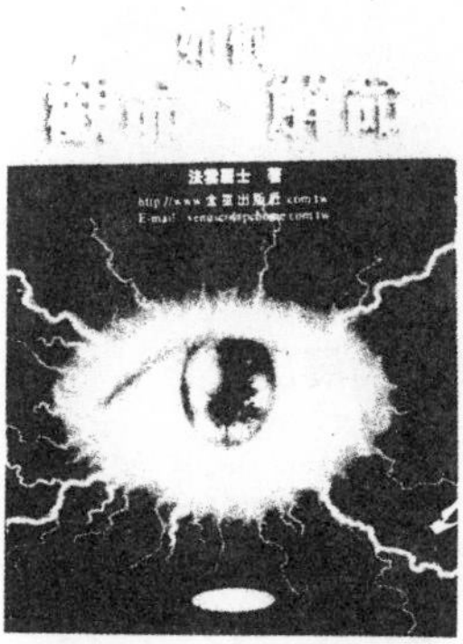

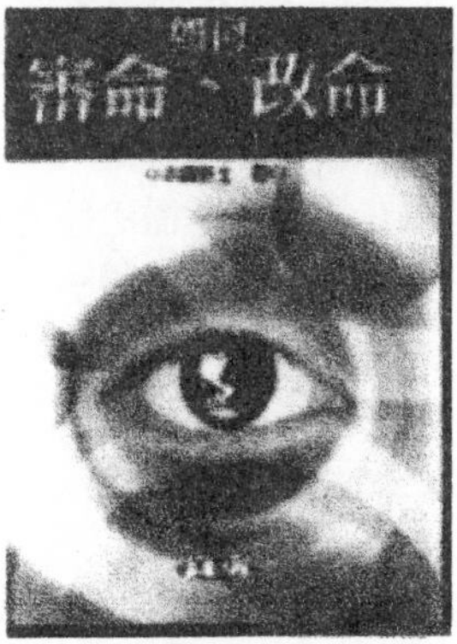

古時候的人用『批命』，是決斷、批判一個人一生的成就、功過和悔吝。
現代人用『觀命』、『解命』，是要從一個人的命理格局中找出可發揮的潛能，來幫助他走更長遠的路及更順利的路。
從觀命到解命的過程中需要運用很多的人生智慧，但是我們可以用不斷的學習，就能豁然開朗的瞭解命運。

一般人從觀命開始，把命看懂了之後，就想改命了。
命要怎麼改？很多人看法不一。
改命最重要的，便是要知道命格中受刑傷的是那個部份的命運？
再針對刑剋的問題來改。
觀命、解命是人生瞭解命運的第一步。
知命、改命、達命，才是人生最至妙的結果。

這是三冊一套的書，由觀命、審命，繼而立命。由解命、改命，繼而轉運，這其間的過程像連環鎖鍊一般，是缺一個環節而不能連貫的。
常常我們對人生懷疑，常想：要是那一年我所做的決定不是那樣，人生是否會改觀了呢？
你為什麼不會做那樣的決定呢？這當然有原因囉！原因就在此書中！

如何掌握婚姻運

法雲居士⊙著

在全世界的人口中，只有三分之一的人，婚姻幸福美滿的人，可以掌握到婚姻運。這和具有偏財運命格之人的比例是一樣的，你是不是很驚訝！

婚姻和事業是人生主要的兩大架構。掌握婚姻運就是掌握了人生中感情方面的順利幸福，這是除了錢財之外，人人都想得到的東西。誰又是主宰人們婚姻運的舵手呢？

婚姻運會影響事業運，可不可能改好呢？

每個人的婚姻運玄機都藏在自己的紫微命盤之中，法雲居士以紫微命理的方式，幫你找出婚姻運的癥結所在，再以時間上的特性，教你掌握自己的婚姻運。並且幫助你檢驗人生和自己ＥＱ的智商，從而發展出情感、財利兼備的美滿人生！

李虛中命書詳析

法雲居士⊙著

《李虛中命書》又稱《鬼谷子遺文書》，
在清《四庫全書．子部》有收錄，並做案語。
此本書是中國史上最早一本有系統的八字命理書，
此本書也成為後來『子平八字』術改變而成的發展基石。

此本書中對干支的對應關係、對六十甲子的祿、貴、官、刑有非常詳細的討論，
以及納音五行對本命生、旺、死、絕的影響，
皆是命格主貴、主富的關鍵要點。
子平術對其也諸多承襲其用法。
因此，欲窮通『八字』深奧義理者，
必先熟讀此書中五行納音及干支間之理論觀念。
因此這本『李虛中命書』也是習八字之敲門磚。

法雲居士將此書用白話文逐句詳解其意，
並將附錄之四庫編纂者所加之案語一併解釋，
俾能使讀者更加領會其中深奧之意。

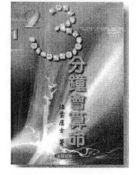

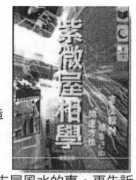